Das Auer **Sprachbuch 2**

Arbeitsheft in Vereinfachter Ausgangsschrift

Autorinnen und Autoren
Ruth Dolenc-Petz
Edeltraud Röbe
Heinrich Röbe
Marina Goldenstein

Ernst Klett Verlag

Stuttgart · Leipzig · Dortmund

Inhalt

Richtig schreiben

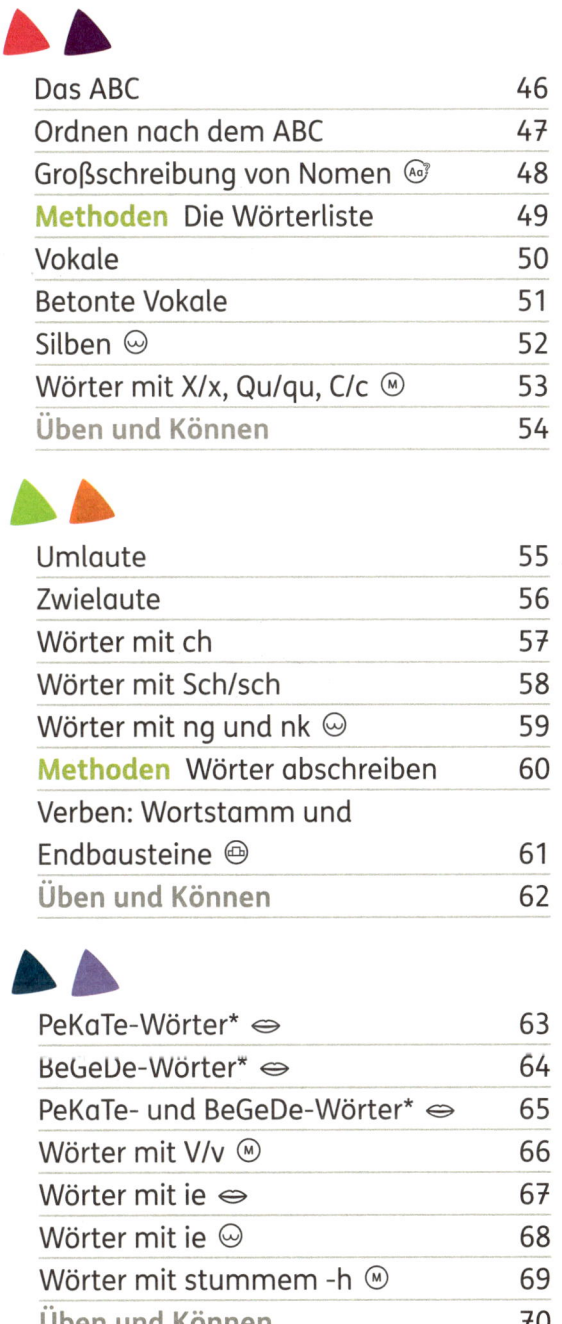

* Dieser Begriff ist nicht Inhalt des LehrplanPLUS Grundschule.

Arbeitshilfen

Bilder und Sätze wachsen

1 Lass die Sätze wachsen. Schreibe den letzten Satz.

Das ist Emil.

Emil reitet auf dem Pony.

Emil ....

Emil reitet auf dem Pony in den Wald.

Das ist Ella.

Ella liest ein Buch.

Ella ...

Das ist Mimi.

Mimi schläft im Korb.

Mimi ...

Das ist Flo.

Flo baut eine Burg.

Flo ...

Nomen beweisen

Nomen sind Namen für Menschen, Tiere, Pflanzen und Dinge.

Nomen schreibe ich groß.

Oma Vogel Salat Tisch

1 Schreibe die Nomen für Menschen, Tiere, Pflanzen, Dinge geordnet auf.

| Frau | Nashorn | König | Rose | Baum | Dose |

| Gabel | Fisch | Palme | Pirat | Frosch |

| Koch | Gras | Elefant | Ampel | Zelt |

Menschen: *Frau*

Tiere:

Pflanzen:

Dinge:

2 Markiere bei den Nomen aus Aufgabe 1 den Anfangsbuchstaben.
Was fällt dir auf?

3 Markiere die Nomen. Schreibe sie auf.

HASE   TULPE   HEFT   LAUFEN   TOMATE   SCHÖN   BESEN

→ SB S. 11

Nomen beweisen

1. *Frosch* ist ein Name für ein Tier.
2. **der Frosch – ein Frosch**: *Die Artikel passen.*
3. **der Frosch – die Frösche**: *Das Wort hat eine Mehrzahl.*

Frosch

1 Schreibe jedes Nomen mit den passenden Artikeln.
Setze die Zeichen dazu.

▲ der, die, das, ein, eine   ▲ Nomen

| Bruder | Drache | Kind | Tasche | Dach | Lampe |

▲ ▲ ▲ ▲

der Bruder, ein Bruder

2 Schreibe die Nomen in der Einzahl und in der Mehrzahl.

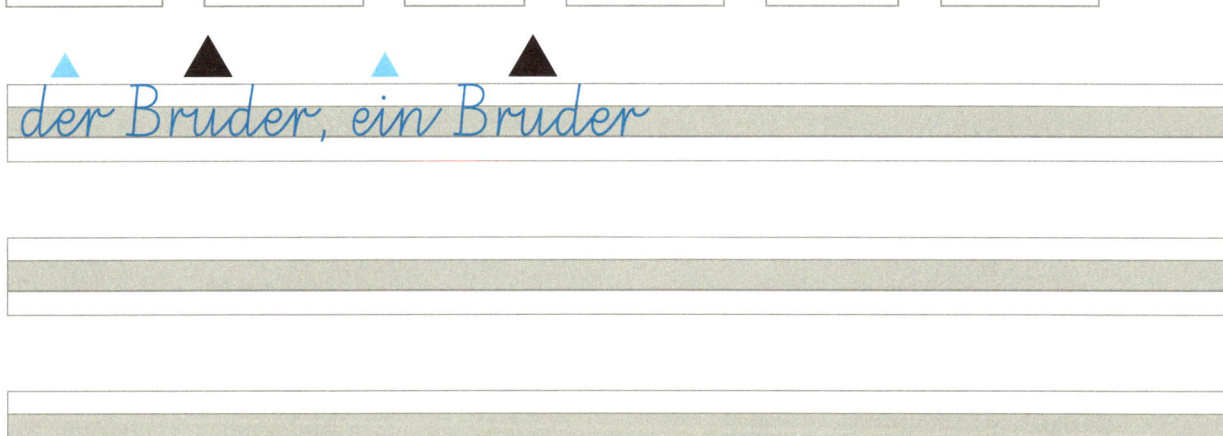

3 Markiere die Nomen. Wende die Beweise an.

BIRNE   ALT   JUNGE   LESEN   MOND   MACHEN   TASSE

→ SB S. 12, 13

Ich-Text

1 Male dich selbst in die Mitte. Schreibe auf, was zu dir passt.

So sehe ich aus:

Hier wohne ich:

Ich heiße:

Das mache ich gern:

Meine Familie:

Mein Lieblingsbuch:

Meine Freunde:

Mein Lieblingsessen:

Mein Lieblingsschulfach:

2 Stelle dich mit deinem Ich-Text einem Partnerkind vor.

→ SB S. 16

Satzanfang und Satzende

1 Lies die Wörter. Markiere, wo die Sätze jeweils enden.

Krok spielt Ball | da kommt Flo sie schenkt Krok
eine Birne die Birne schmeckt Krok gut

*Denke daran:
Jeder Satz fängt groß an.*

2 Schreibe zu jedem Bild den passenden Satz aus Aufgabe 1.
Markiere den Satzanfang und das Satzende.

3 Lies die Wörter. Markiere, wo die Sätze jeweils enden.
Schreibe die Sätze auf.

es ist still ein Vogel sitzt im Gras Flo schleicht sich leise an

4 Denke dir zu den Sätzen aus Aufgabe 3 einen letzten Satz aus.

Sätze erzählen

Jeder Aussagesatz erzählt eine kleine Geschichte.

Wir gehen in den Garten.

1 Lies die Wörter. Markiere, wo die Sätze jeweils enden.
Schreibe die Sätze auf.

im Garten gibt es viel zu tun | die Äpfel sind reif mein Vater steigt
auf die Leiter wir legen die Äpfel in den Korb

2 Schreibe zu jedem Bild einen Satz. Die Wörter helfen dir.

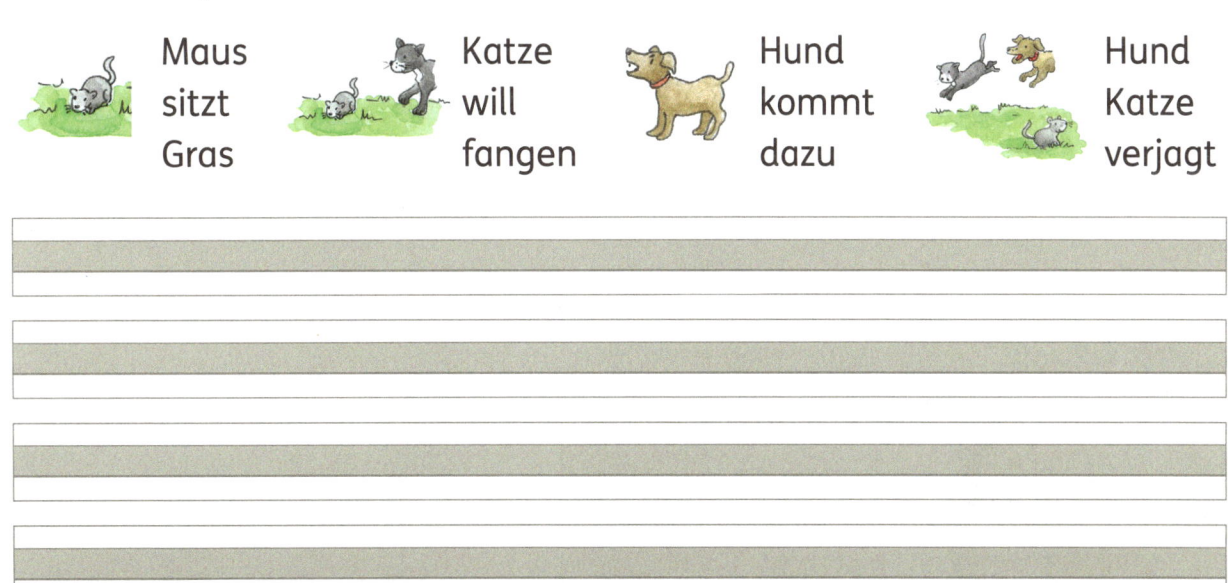

| Maus sitzt Gras | Katze will fangen | Hund kommt dazu | Hund Katze verjagt |

→ SB S. 21

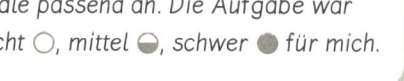
Male passend an. Die Aufgabe war leicht ○, mittel ◒, schwer ● für mich.

1 Schreibe die passenden Artikel auf.

2 Schreibe die Nomen in der Mehrzahl auf. Schreibe die Artikel dazu.

das Heft –   der Fisch –

das Auto –   die Katze –

3 Ist das Wort **Hase** ein Nomen? Beweise.

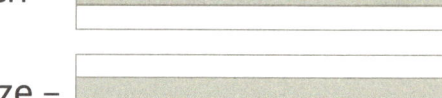

4 Lies die Wörter. Markiere, wo die Sätze jeweils enden. Schreibe die Sätze auf.

heute regnet es am Himmel sind dunkle Wolken wir ziehen uns warm an

5 Schreibe einen Satz zu dem Bild.

Junge
Laterne
bastelt

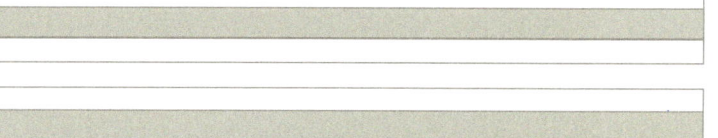

Eine Fantasiegeschichte

1 Lies den Anfang der Fantasiegeschichte.

> Ich spiele im Garten.
> Da entdecke ich in der Hecke eine kleine Tür.
> Neugierig krieche ich hindurch.
> Vor mir steht ein kleiner lila Drache ...

2 Wie geht die Fantasiegeschichte aus Aufgabe 1 wohl weiter?
Wähle ein Bild aus. Schreibe dazu. Die Wörter unter dem Bild helfen dir.
Du kannst auch zu deiner eigenen Idee schreiben.

| auf den Rücken steigen – über das Drachenland fliegen – viel sehen | Feuer spucken – Würstchen braten – gut schmecken | in die Drachenhöhle gehen – Edelsteine finden – reich werden | ? |

3 Schreibe deine ganze Geschichte. Kontrolliere die Satzanfänge.

→ SB S. 24

Verben beweisen 🔴

1 Frage bei jedem Bild: Was tut jemand?
Schreibe zu jedem Bild das passende Verb.
Setze das Zeichen für Verben 🔴 dazu.

r   🔴 *rennen*

sp

k

sch

k

r

t

t

w

h

b

w

s

r

2 Spielt ein Verb vor. Lasst die anderen raten.

3 Wähle ein Verb aus Aufgabe 1. Schreibe einen Satz dazu.

Verben beweisen 🔴

Das ist der 1. Beweis für Verben.

Verben antworten auf die Frage: Was tut jemand?

1 Was kann ein Baby alles tun? Sprecht darüber und schreibt. Setzt das Zeichen für Verben dazu.

| laufen | liegen | schreiben | schwimmen | lernen |
| hören | lachen | trinken | weinen | sprechen |

liegen 🔴,

2 Was kann ein Ball alles tun? Sprecht darüber und schreibt.

| springen | singen | baden | liegen | lernen |
| hüpfen | rollen | fliegen | singen | steigen |

3 Was kann ein Hund alles tun? Sprecht darüber und schreibt.

→ SB S. 28

13

Verschiedene Satzanfänge

1 Lies die Abenteuerreise.
Markiere das erste Wort im Satz. Was fällt dir auf?

> Zuerst sause ich in das Schiff.
> 1 Dann schlüpfe ich durch das Bullauge.
> 2 Dann klettere ich auf den Turm.
> 3 Dann schwinge ich mich hinunter.
> 4 Dann laufe ich über die Brücke.
> 5 Dann setze ich mich auf die Schaukel.

2 Ersetze in Aufgabe 1 **dann** durch verschiedene Satzanfänge.
Schreibe die passende Nummer zu den Wörtern.

◯ danach   ◯ jetzt   ◯ zuletzt   ◯ nun

◯ mutig   ◯ vorsichtig   ◯ glücklich

Mit diesen Satzanfängen klingt die Abenteuerreise spannend.

3 Schreibe den Text aus Aufgabe 1.
Achte auf verschiedene Satzanfänge.

Verben verändern sich ●

1 Schreibe die Verben in allen Formen auf. Achte auf die Endungen.
Markiere den Wortstamm ⌣ und die Endungen ⌣.

	malen	lachen	turnen
ich	*male*		
du			
er			
wir			
ihr			
sie			

2 Schreibe die Verben in allen Formen auf. Achte auf den Wortstamm.
Markiere den Wortstamm ⌣ und die Endungen ⌣.

	helfen	fangen	laufen
ich	*helfe*		
du			
er			
wir			
ihr			
sie			

Das ist der 2. Beweis für Verben.

Verben passen hinter ich … und wir …

Wortfelder

1 Setze passende Verben aus dem Wortfeld **essen** in die Sätze ein.

fressen	mampfen	futtern	einnehmen

naschen	speisen	knabbern	probieren

Das Eichhörnchen _____ an einer Nuss.

Die Kühe _____ Heu.

Papa muss seine Medizin _____ .

Krok _____ einen ganzen Fisch.

Der König _____ ganz vornehm.

Flo _____ von den Plätzchen.

Flipp _____ zwei Teller Makkaroni.

2 Setze passende Verben aus dem Wortfeld **sehen** ein.

betrachten	beobachten	besichtigen	entdecken

zuschauen	anschauen	spähen	erblicken

ein neues Land _____   ein Schloss _____

ein Fußballspiel _____   um die Ecke _____

ein Reh _____   ein Bauwerk _____

1 Schreibe ein passendes Verb zu jedem Bild.
Setze das Zeichen für Verben dazu.

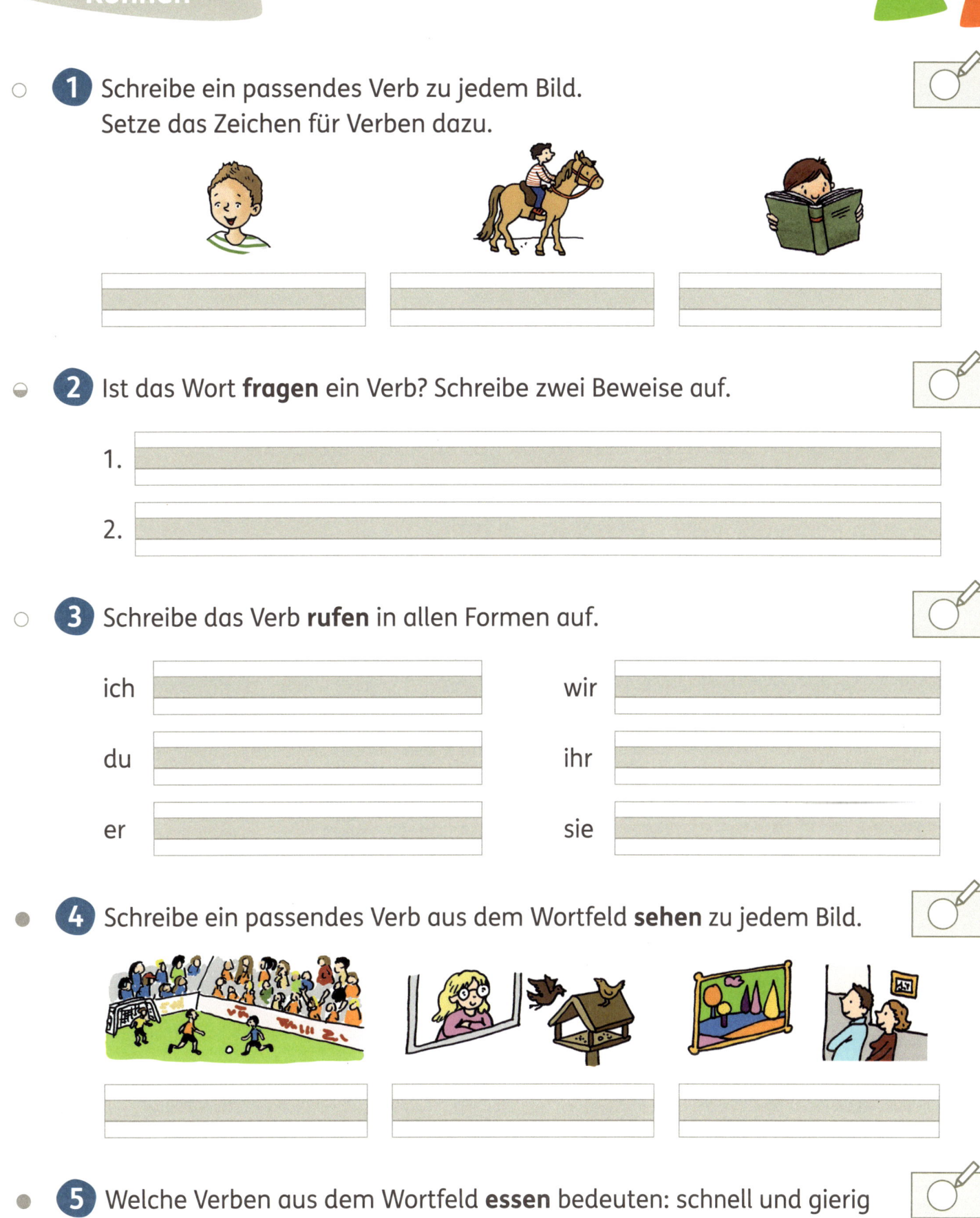

2 Ist das Wort **fragen** ein Verb? Schreibe zwei Beweise auf.

1.

2.

3 Schreibe das Verb **rufen** in allen Formen auf.

ich   wir

du   ihr

er   sie

4 Schreibe ein passendes Verb aus dem Wortfeld **sehen** zu jedem Bild.

5 Welche Verben aus dem Wortfeld **essen** bedeuten: schnell und gierig essen?

17

Ein Plakat vorbereiten

1 Lies den Text über Kängurus. Was findest du besonders interessant?
Sprecht darüber.

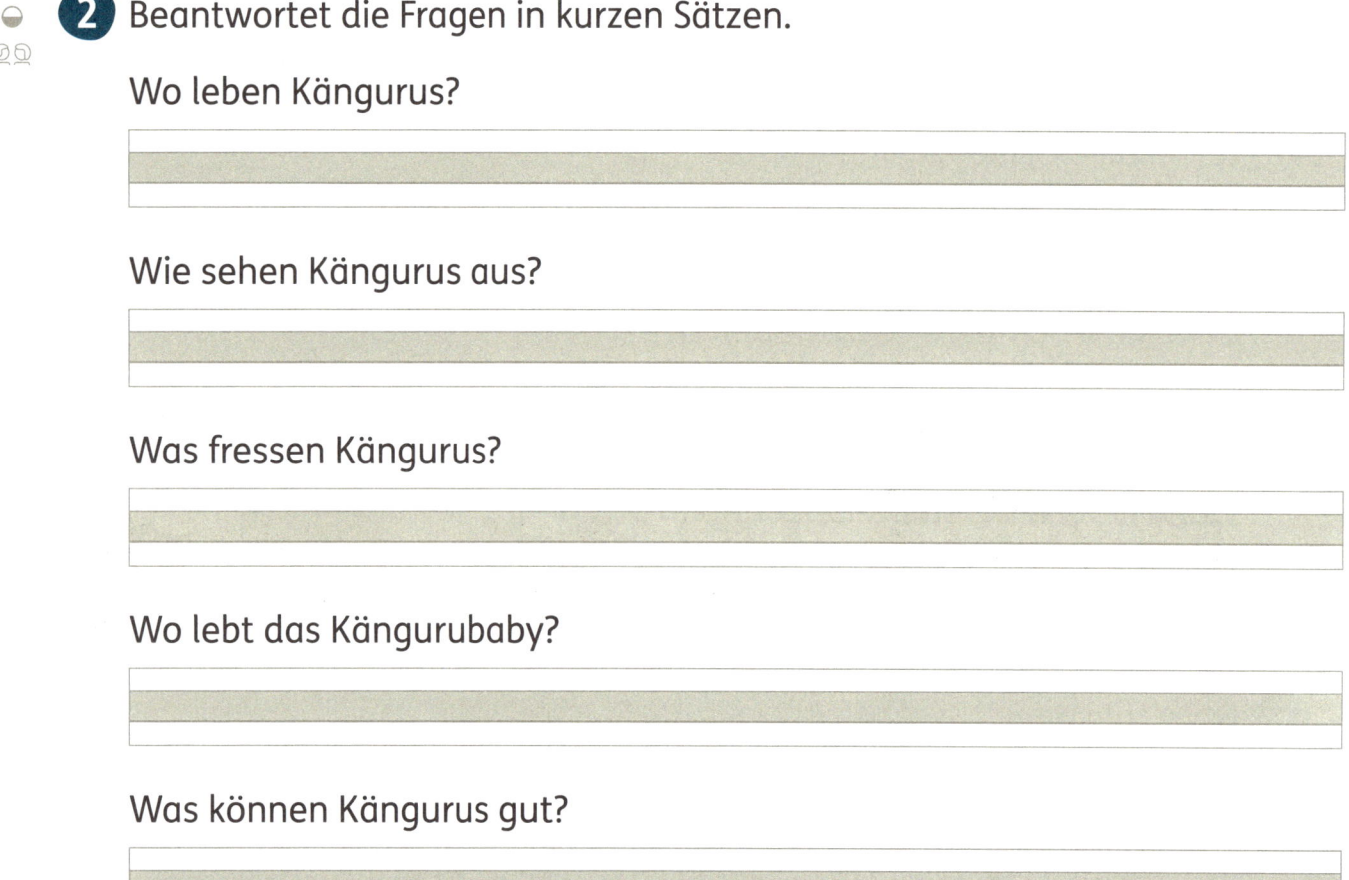

> Kängurus leben in Australien.
>
> Sie hüpfen auf ihren langen Hinterbeinen.
>
> Kängurus springen oft 9 Meter weit. Mit den kurzen
> Vorderbeinen kann ein Känguru sein Futter halten.
> Ein Kängurubaby ist bei der Geburt so klein wie ein
> Maikäfer. Es bleibt mehrere Monate bei seiner Mutter
> im Beutel. Erst dann kann es mit der Mutter zusammen hüpfen.
> Kängurus fressen Gräser und Blätter.

2 Beantwortet die Fragen in kurzen Sätzen.

Wo leben Kängurus?

Wie sehen Kängurus aus?

Was fressen Kängurus?

Wo lebt das Kängurubaby?

Was können Kängurus gut?

Fragesätze und Aussagesätze

1 Setze die passenden Fragewörter und Satzzeichen ein.

> Fragewörter sind:
> Welcher? Wo? Was?
> Wie? Wann?
> Warum? Wer?

_____ Monat kommt vor Juni __

_____ beginnt der Winter __

_____ heißen die Jahreszeiten __

_____ hat ein Adventskalender 24 Türchen __

2 Antworte auf die Fragen mit einem Aussagesatz. Denke an das Satzzeichen.

| Frühling | Sommer |
| Herbst | Winter |

Wann wachsen Maiglöckchen?

_____

Wann fliegen die Zugvögel fort?

_____

In welcher Jahreszeit schläft der Igel?

_____

Wann kann man im See baden?

_____

3 Fragesatz oder Aussagesatz? Lies die Sätze.
Setze die passenden Satzzeichen ein.

Wohin fliegen die Vögel im Herbst __ Im Herbst ist es windig __

Welche Tiere schlafen im Winter __ Im Frühling wachsen die Blumen __

Im Sommer sind lange Ferien __ Wann beginnt der Frühling __

→ SB S. 43, 44 19

Ausrufe

Ausrufe brauchen ein Ausrufezeichen !

1 Lies die Ausrufe. Spielt dazu passende Szenen.

① Komm hoch ___   ④ Oh, eine Schaukel ___   ⑦ Schau mal ___

② Hör auf ___   ⑤ Ball zu mir ___   ⑧ Fang mich ___

③ Leo ___   ⑥ Hallo, hier ___   ⑨ Höher ___

2 Setze zu den Ausrufen Ausrufezeichen.
Schreibe die passende Nummer zu jedem Kind.

3 Schreibe die Ausrufe aus Aufgabe 1 ab.

4 Gestalte ein eigenes Bild mit Ausrufen.

Ein Rezept aufschreiben

1 Diese Zutaten benötigst du für Gemüsechips.
Kennst du sie alle? Erzähle.

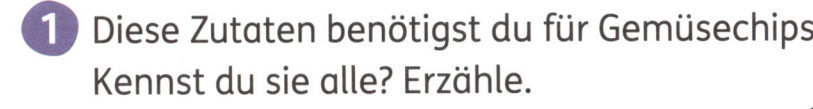

2 Lies die Arbeitsschritte. Nummeriere sie in der richtigen Reihenfolge.
Vergleiche mit einem Partnerkind.

◯ Heize den Backofen auf 180 Grad vor.
① Belege das Backblech mit Backpapier.
◯ Wasche das Gemüse. Schneide es in dünne Scheiben.

◯ Backe die Gemüse-Chips für 10–15 Minuten.
◯ Lege das Gemüse auf das Backblech. Bestreiche das Gemüse mit Öl und salze es.

3 Schreibe passende Sätze zu den Bildern.

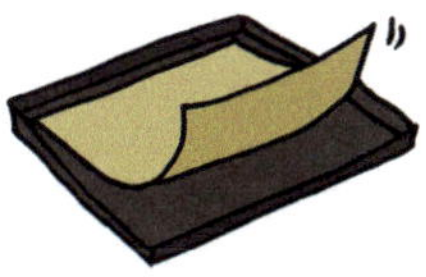

Belege das Backblech mit Backpapier.

Anfangsbausteine für Verben ⊕

1 Bilde mit den Anfangsbausteinen sinnvolle Verben.
Markiere die Anfangsbausteine.

| an | ab | ent | | mit | zer | an | | auf | ein | an |

malen   kommen   rufen

anmalen
abmalen

| an | durch | zu | | an | auf | zer | | aus | ein | ab |

hören   stehen   kaufen

2 Setze passende Verben aus Aufgabe 1 ein.
Markiere die Anfangsbausteine.

Lena will den Schmetterling bunt   .

Ich muss jeden Morgen früh   .

Darf ich bitte ins Kino   ?

Heute muss ich noch Obst   .

Samira will sich noch ein Lied   .

Emil will Oma mit dem Handy   .

Wortfelder

1 Welche Wörter passen zum Wortfeld **sehen**? Schreibe sie auf.

| ansehen | lauschen | betrachten | umsehen | schauen |

| blicken | erkennen | husten | beobachten | entdecken |

_____

_____

2 Setze passende Verben aus Aufgabe 1 ein.

Ich möchte gern dein Album _____ .

Ben _____ einen Regenbogen.

Darf ich mich bitte in deinem Zimmer _____ ?

Ich kann dich auf dem Foto gar nicht _____ .

Nele möchte den Schmetterling ganz genau _____ .

Greta und Emil _____ auf das Meer hinaus.

Katzen können in der Dunkelheit gut _____ .

3 Ein Wort in jeder Zeile passt nicht. Streiche es durch.

| jubeln sprechen brüllen stolpern kichern schreien |

| stolpern schlendern gehen eilen kreischen spazieren |

| fahren rollen rasen flitzen stampfen düsen |

1 Setze die passenden Satzzeichen ein. Schreibe die Sätze richtig ab.

Die Kinder spielen Fußball auf dem Sportplatz ___

Wo ist der Schiedsrichter ___

Hurra ___

2 Bilde mit den Anfangsbausteinen passende Verben.
Setze die passenden Verben ein. Markiere die Anfangsbausteine.

an
zu

hören

Ich will Musik _____.

Ich will der Lehrerin _____.

an
auf

stehen

Er soll vom Stuhl _____.

Sie muss an der Kasse _____.

3 Setze passende Verben aus dem Wortfeld **sehen** ein.

Die Katze _____ die Maus genau.

Die Lehrerin _____ aus dem Fenster.

Ella will das Bilderbuch _____.

Anton _____ eine Spinne.

entdecken

ansehen

beobachten

blicken

Einen Text verändern

1 Lies den Text.

Schöner Prinz, wen siehst denn du?
Ich sehe eine alte Hexe,
die schaut mir zu.

Alte Hexe, wen siehst denn du?
Ich sehe einen bösen Wolf,
der schaut mir zu.

2 Verbinde die Märchenfiguren mit den passenden Bildern.

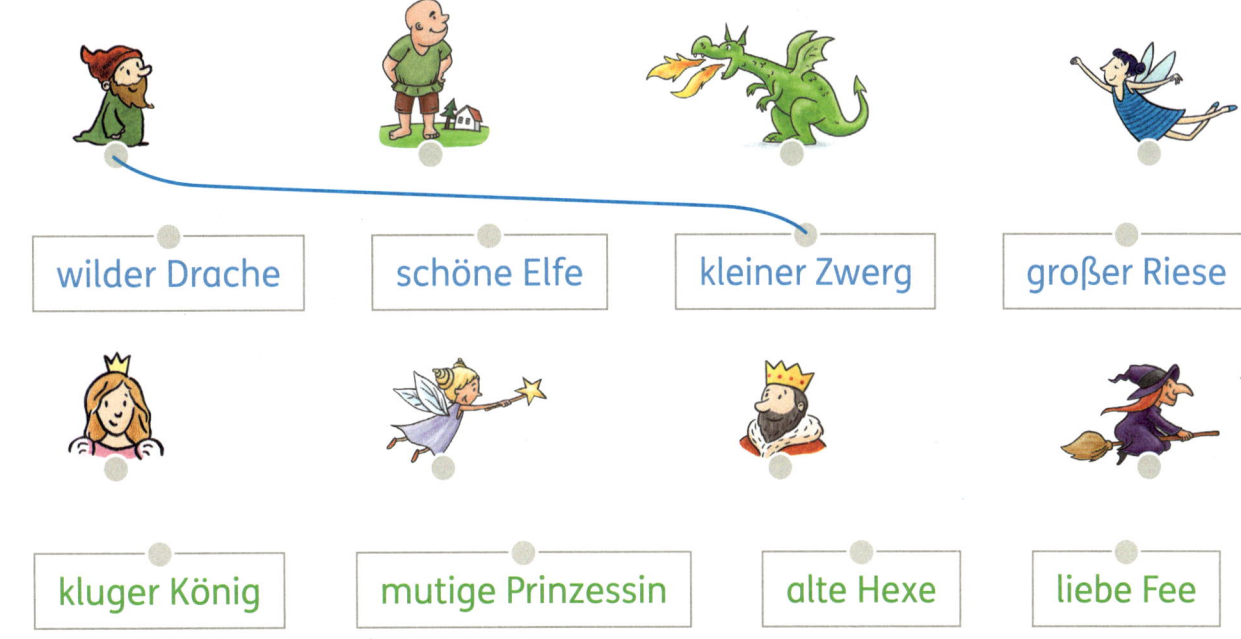

| wilder Drache | schöne Elfe | kleiner Zwerg | großer Riese |

| kluger König | mutige Prinzessin | alte Hexe | liebe Fee |

3 Wähle Märchenfiguren aus. Schreibe deinen Text. Spielt mit verteilten Rollen.

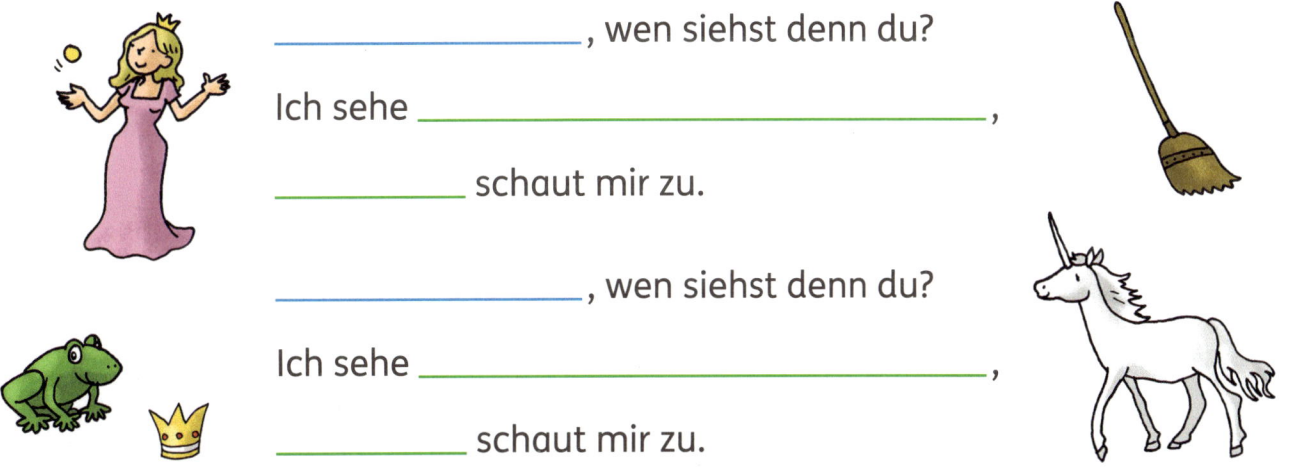

_____, wen siehst denn du?

Ich sehe _____,

_____ schaut mir zu.

_____, wen siehst denn du?

Ich sehe _____,

_____ schaut mir zu.

Adjektive beweisen ▲

1 Kreuze das
passende Adjektiv an.

klein

*1. **Beweis**: Adjektive
antworten auf die
Frage: **Wie ist etwas?***

Wie ist der Elefant?
riesig ☒
winzig ☐

Wie ist der Igel?
glatt ☐
stachelig ☐

Wie ist die Raupe?
langsam ☐
schnell ☐

Wie ist der Tiger?
zahm ☐
gefährlich ☐

Wie ist der Fuchs?
schlau ☐
dumm ☐

Wie ist das Schaf?
wollig ☐
stachelig ☐

Wie ist der Schmetterling?
schwarz ☐
weiß ☐

Wie ist die Ameise?
fleißig ☐
faul ☐

Wie ist der Wal?
leicht ☐
schwer ☐

2 Schreibe die Antworten zu den Fragen aus Aufgabe 1 auf.
Markiere die Adjektive mit ▲.

Der Elefant ist riesig. ▲

Adjektive beweisen

2. **Beweis**: Adjektive passen zwischen Artikel und Nomen.

ein altes Auto

3. **Beweis**: Zu vielen Adjektiven gibt es ein Gegenteilwort.

alt – neu

1 Setze die Adjektive richtig ein.

ein lustiger

lustig

ein

dick

eine

leicht

ein

weich

eine

neu

ein

stark

2 Schreibe die Adjektive mit den passenden Gegenteilwörtern auf.

hart	alt	dunkel	schwach	schwer

hell	stark	weich	leicht	neu

hart – weich,

3 Finde zu den Adjektiven Gegenteilwörter. Schreibe.

eckig	viel	niedrig	weit	lang

eckig – rund,

→ SB S. 60, 61

Eine Geschichte überarbeiten

1 Lest Leos Geschichte. Was gefällt euch gut?

> **Der Tanzdrache**
> Ich war auf dem Spielplatz. Dort habe ich den Tanzdrachen getroffen. Wir haben zusammen getanzt. Danach ist der Tanzdrache wieder weggeflogen.

2 Beantworte die Fragen zum Text aus Aufgabe 1. Schreibe Stichwörter.

Wo haben sich Leo und der Tanzdrache getroffen?

Was haben die beiden erlebt?

Wie geht die Geschichte zu Ende?

3 Leo hat nicht beschrieben, wie der Tanzdrache aussieht. Was denkst du? Schreibe und male.

4 Schreibe die Geschichte vom Tanzdrachen auf.

Zusammengesetzte Nomen

So bildest du
zusammengesetzte Nomen.

Märchen┃buch

das Märchen + das Buch:
das Märchen┃buch
Nahtstelle

1 Bilde zusammengesetzte Nomen.
Schreibe sie mit Artikel und dem Zeichen für Nomen.

Tier			Reis
Wörter			Zahn
Kinder			Flasche

das Tier, das Buch – das Tierbuch ▲

2 Woraus ist es? Schreibe das zusammengesetzte Nomen mit Artikel auf.

ein Tier aus Stoff

ein Auto aus Holz

eine Hose aus Leder

eine Kugel aus Glas

ein Stiefel aus Gummi

eine Tüte aus Papier

eine Kette aus Gold

eine Mauer aus Stein

ein Stofftier, ein

→ SB S. 67

Zusammengesetzte Nomen

1 Welche Wörter stecken in den zusammengesetzten Nomen? Schreibe.

der Goldfisch

der Regenwurm

der Eisbär

der Seelöwe

das Haustier

die Schneeeule

der Goldfisch – das Gold, der Fisch

2 Welche Wörter stecken in den zusammengesetzten Nomen?
Markiere die Nahtstellen. Zähle die Wörter.

Kreuz|wort|rätsel   3   Fußballweltmeister   ☐

Haustürschlüssel   ☐   Apfelsaftflaschendeckel   ☐

3 Schreibe die zusammengesetzten Nomen aus Aufgabe 2 mit Artikel auf.

1 Setze das passende Adjektiv ein.

eckig	rot	langsam	nass	gefährlich	rund

Der Tiger ist _____ .

Die Schildkröte ist _____ .

Das Quadrat ist _____ .

2 Setze die Adjektive in der richtigen Form ein.

der _____ Apfel (grün)

die _____ Blumen (frisch)

ein _____ Buch (dick)

3 Schreibe das Gegenteilwort.

lang – _____   alt – _____   schwer – _____

4 Bilde zusammengesetzte Nomen. Schreibe sie mit Artikel.

der See +

_____

der Regen +

_____

der Vogel +

_____

das Wasser +

_____

Eine Spielanleitung

1 Male Karten für ein Memo-Spiel. Immer zwei Karten müssen gleich sein.

2 Nummeriere die Aussagen in der richtigen Reihenfolge.
Vergleiche mit einem Partnerkind.

◯ Wer am meisten Karten hat, ist Sieger.	◯ Man darf immer zwei Karten aufdecken.
① Zuerst muss man mischen.	◯ Wer ein Paar hat, darf es behalten und noch mal aufdecken.
◯ Die Rückseite der Karten ist oben.	◯ Dann werden die Karten auf dem Tisch ausgelegt.

3 Schreibe die Spielanleitung in der richtigen Reihenfolge auf.

Wortfamilien

> *In einer Wortfamilie sind alle Wörter miteinander verwandt.*

1 Markiere den Wortstamm, an dem du die Wortfamilie erkennst.

| fallen   Einfall   umfallen   Überfall   Falle   Zufall |

2 Ordne die zwei Wortfamilien. Schreibe. Markiere den Wortstamm.

| zeigen   Zahl   Zeiger   er zahlt   du zeigst
zahlen   bezahlen   Anzahl   Anzeige   sie zeigt |

zeigen,

zahlen,

3 In jeder Zeile passt ein Wort nicht in die Wortfamilie. Streiche es durch.

| schlafen   einschlafen   träumen   er schläft   Schlaf |

| malen   er malt   Maler   zeichnen   ausmalen |

| rufen   anrufen   Beruf   Anruf   Reifen |

4 Setze in jeden Satz ein Wort der Wortfamilie **suchen** ein.

Ich _____ meinen Füller. Wir _____

das Museum. Ich möchte mir ein Buch _____.

Ich möchte einen Handstand _____.

Wortfamilien

1 Markiere gleiche Wortstämme mit der gleichen Farbe.

spielen   fahren   kühlen   Beispiel   kühl

Fahrer   Kühlschrank   umfahren   vorspielen

2 Schreibe die Wörter aus Aufgabe 1 geordnet auf.

spiel,

fahr,

kühl,

3 Schreibe Wörter mit dem Wortstamm wohn auf.

4 Setze passende Wörter mit dem Wortstamm sitz ein.

Flipp _____ in der Klasse ganz vorne.

Onkel Dagobert _____ viele Taler.

Dieses Auto hat bequeme _____ .

Ich _____ gern neben Flo.

Ein Gedicht verändern

1 Lest euch das Gedicht abwechselnd vor.

Wer kommt heute?

Heute zum Geburtstagsfeste
erwarte ich nur liebe Gäste.

Wer tappt da draußen vor dem Haus?
Ich geh' zur Tür und schau hinaus.

Ein Bär steht dort und wartet.
Er fragt mich, wann die Feier startet.

Honig ist sein Lieblingsessen.
Das habe ich doch nicht vergessen!

Kuschelbär, komm nur herein!
Wir wollen heute lustig sein.

2 Welcher Gast kommt noch? Ergänze die Lücken mit passenden Wörtern.

Heute zum Geburtstagsfeste
erwarte ich nur liebe Gäste.

Wer _____ da draußen vor dem Haus? | bellt | faucht | heult |
Ich geh' zur Tür und schau hinaus.

Ein _____ steht dort und wartet. | Gespenst | Dino | Hund |
Er fragt mich, wann die Feier startet.

_____ ist sein Lieblingsessen. | Fleisch | Kreide | Gemüse |
Das habe ich noch nicht vergessen!

_____, komm nur herein! | Wuschelhund | Gruselchen |
Wir wollen heute lustig sein.

| Superdino |

→ SB S. 80, 81

Passende Verben verwenden

1 Welche Verben passen zu den Adjektiven? Verbinde.

glücklich ▲ — schluchzen ●   fröhlich ▲ — brüllen ●

ängstlich ▲ — tanzen ●   beleidigt ▲ — summen ●

traurig ▲ — träumen ●   albern ▲ — schweigen ●

entspannt ▲ — zittern ●   wütend ▲ — kichern ●

2 Schreibe die Wortpaare aus Aufgabe 1 auf. Markiere die Wortarten.

glücklich – tanzen

3 Setze die passenden Verben ein.

verstecken   springen   stampfen   schweben   brüllen

Emilia _____ vor Freude in die Luft.

Ali _____ verärgert mit seinem Fuß auf den Boden.

Henry _____ wie auf einer Wolke.

Nele _____ sich ängstlich hinter der Tür.

Anton _____ ganz laut vor Wut.

Sätze umstellen

1 Ordne die Wörter zu Sätzen. Stelle jeden Satz einmal um.

Mimi
laut
schnurrt

Mimi schnurrt laut.

Laut

im Garten
Ali
hüpft

bellt
wütend
der Hund

isst
Olga
eine Brezel

2 Lass die Sätze wachsen. Schreibe jeden Satz auf.

| Flo | pfeift | fröhlich | im Garten |

Flo pfeift

Flo

3 Lass die Sätze wachsen. Schreibe jeden Satz auf.

Henry spielt _____ _____ .

Samira übt _____ _____ .

1 Markiere die Wortfamilien mit verschiedenen Farben.

schlafen   Reise   einschlafen   verreisen   Schlaf

reisen   er schläft   abreisen

2 Setze passende Wörter aus der Wortfamilie **pflanzen** ein.
Markiere den Wortstamm.

Ich _____ eine Sonnenblume.

Die _____ ist noch klein.

Mein Vater _____ Tomaten.

Oma und Opa _____ Blumen in ein Beet.

3 Finde passende Verben aus dem Wortfeld **sprechen**.

wütend sprechen _____   leise sprechen _____

4 Bilde einen Satz.
Stelle ihn einmal um.

| fängt | Mäuse | Mimi |

_____

_____

5 Lass den Satz wachsen.

Emil klettert

_____

_____

Eine Einladung schreiben

1 Said will eine Einladung schreiben.
Er überlegt sich Stichwörter.
Beantworte die Fragen mit den Stichwörtern.

Liebe Ella,

| Geburtstagsfeier   Ella   in meinem Garten   4. Juli um 15 Uhr |

Wen lädt Said ein?	
Warum lädt Said ein?	
Wann ist die Feier?	
Wo ist die Feier?	

2 Schreibe die Einladung an Ella. Verwende Saids Stichwörter.
Gestalte den Rahmen.

3 Schreibe eine eigene Einladung.

→ SB S. 88

Sprachen sind verschieden

1 Schreibe zu den türkischen Gemüsenamen das deutsche Wort mit Artikel.
Vergleiche die Wörter. Was ist ähnlich? Was ist verschieden?

domates
sarımsak
Knoblauch

kabak — Kürbis
biber — Paprika
patates — Kartoffel
domates — Tomaten

elma — Apfel
muz — Bananen
armut — Birne
ananas — Ananas

Im Türkischen gibt es keinen Artikel.

domates
die Tomate

muz

biber

kabak

sarımsak

armut

elma

patates

ananas

2 Schreibt einen Einkaufszettel für Obst und Gemüse in deutscher Sprache
und in einer anderen Sprache.

→ SB S. 91

Sprachen in unserer Klasse

1 Verbinde die deutschen Tiernamen 🇩🇪
mit den passenden englischen Tiernamen 🇬🇧.

2 Schreibe die Zahlwörter auf Deutsch, Englisch und Italienisch.
Unterstreiche die Wörter, die den deutschen Wörtern ähnlich sind.

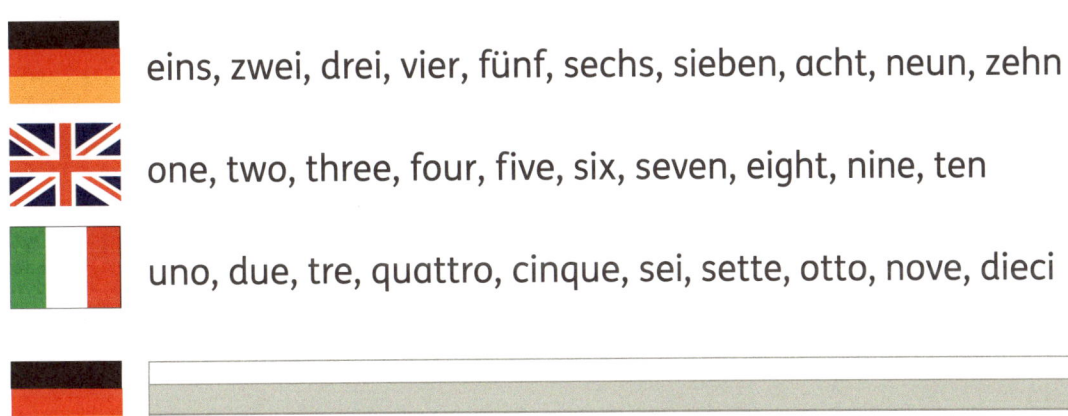

🇩🇪 eins, zwei, drei, vier, fünf, sechs, sieben, acht, neun, zehn

🇬🇧 one, two, three, four, five, six, seven, eight, nine, ten

🇮🇹 uno, due, tre, quattro, cinque, sei, sette, otto, nove, dieci

3 Zähle mit einem Partnerkind abwechselnd in verschiedenen Sprachen.

→ SB S. 92

Ein Comic

1 Erzählt zu den Comicbildern.

2 Schreibe die Geschichte auf, die der Comic erzählt.
Denke an die Überschrift und an den Schluss.

> *Die Schildbürger besaßen eine sehr wertvolle Glocke.*

Wortarten bestimmen

Artikel	Adjektiv	Nomen	Verb

Du kennst
vier Wortarten.

1 Ordne nach Wortarten. Denke an die Beweise.

gehen	gesund	ein	turnen	laut	Ente
böse	alt	hören	eine	neu	das
baden	der	Gemüse	Vogel	die	Frau

2 Bilde sinnvolle oder lustige Sätze.

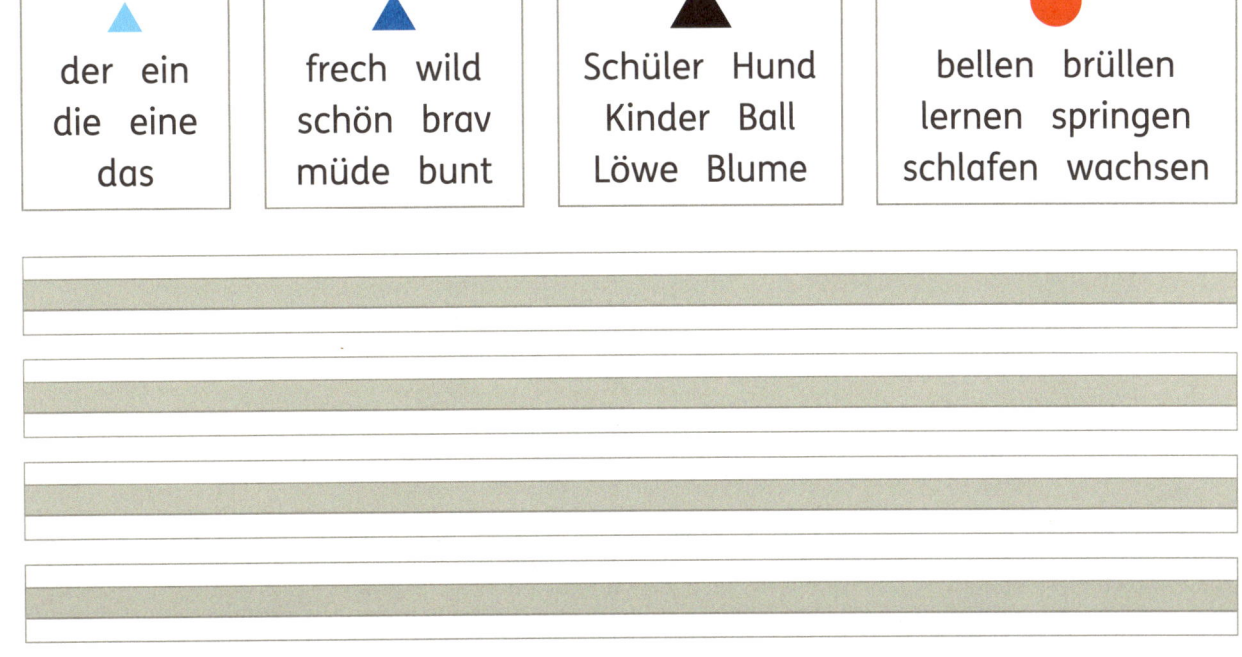

der ein	frech wild	Schüler Hund	bellen brüllen
die eine	schön brav	Kinder Ball	lernen springen
das	müde bunt	Löwe Blume	schlafen wachsen

Satzarten bestimmen

.	?	!
Aussagesatz	Fragesatz	Ausrufe

Du kennst drei Satzarten.

1 Schreibe den Text ab. Setze nach jedem Aussagesatz einen Punkt. Denke an den Satzanfang.

> Findus ist ein Kater er lebt bei Herrn Petterson auf dem Bauernhof gibt es Hühner Findus kann sprechen alle erleben viele Abenteuer

2 Schreibe die drei Fragesätze auf, die Findus stellt.

Findus will wissen, wann die Hühner Futter bekommen.
Findus will wissen, was es zu Mittag gibt.
Findus will wissen, wo der Fuchs wohnt.

3 Was ruft Findus, wenn er Herrn Petterson begegnet? Schreibe auf.

Üben und Können

1 Verbinde die deutschen Tiernamen mit den passenden englischen Tiernamen.

 Löwe    Nashorn    Tiger    Krokodil

 rhino    tiger    crocodile    lion

2 Ordne nach Wortarten.

trinken	der	Sessel	rufen	nass	Bruder
müde	ein	groß	die	helfen	Gans

3 Setze die passenden Satzzeichen ein.

Wir gehen heute an den See __

Kannst du schwimmen __

Hilfe __ Jetzt bin ich schon nass __

Müssen wir schon nach Hause __

Das ABC

1 Schreibe das ABC in Großbuchstaben auf.

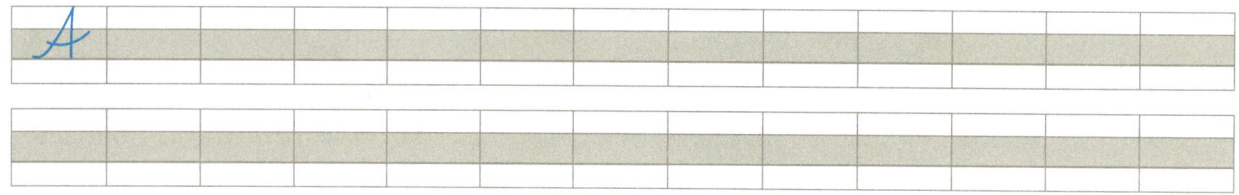

2 Schreibe das ABC in Kleinbuchstaben auf.

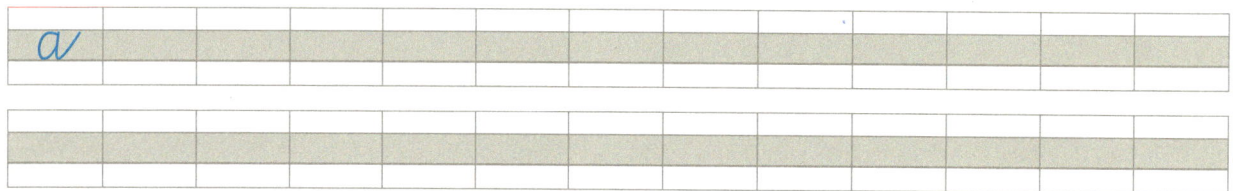

3 Verbinde die Punkte nach dem ABC.

4 Schreibe die Nachbar-Buchstaben auf.

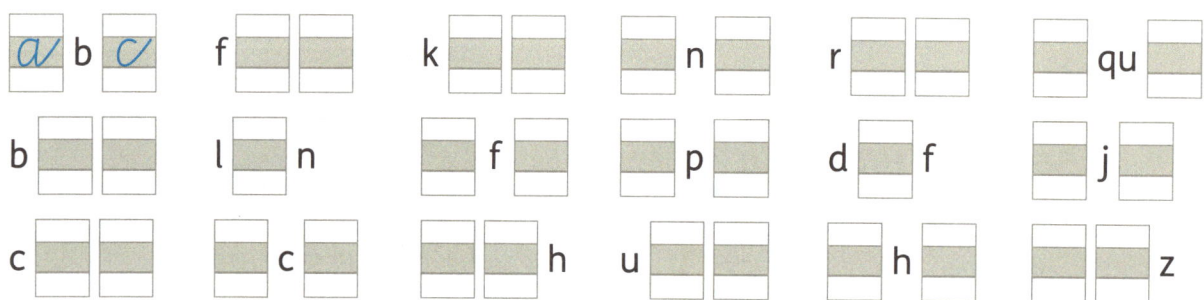

Ordnen nach dem ABC

Jeder Buchstabe hat im ABC seinen Platz.

So kann man die Wörter ordnen ...

... und wiederfinden.

1 Schreibe die Tiernamen nach dem ABC geordnet auf.

Elefant

Jaguar

Chamäleon

Osterhase

Tiger

Fliege

Maus

Ziege

Uhu

Reh

Biene

Seehund

Vogel

Affe

Kuh

Nashorn

Gans

Xangu? Tier mit X – das war wohl nix!

Igel

Papagei

Hase

Wal

Löwe

Qualle

Dino

Yak

A	*Affe*	N	
B		O	
C		P	
D		Q	
E		R	
F		S	
G		T	
H		U	
I		V	
J		W	
K		X	
L		Y	
M		Z	

→ SB S. 103

Großschreibung von Nomen

 *Nomen sind Namen für Menschen, Tiere, Pflanzen und Dinge.*

Nomen schreibst du groß.

1 Entscheidet, ob das Nomen einen Menschen (M), ein Tier (T), eine Pflanze (Pf) oder ein Ding (D) bezeichnet. Tragt das Ergebnis ein.

T

die Ente

2 Schreibe die Nomen in Aufgabe 1 mit den Artikeln **der**, **die**, **das** auf.

3 Schreibe zum Bild passende Nomen mit den Artikeln **der**, **die**, **das**.

Die Wörterliste

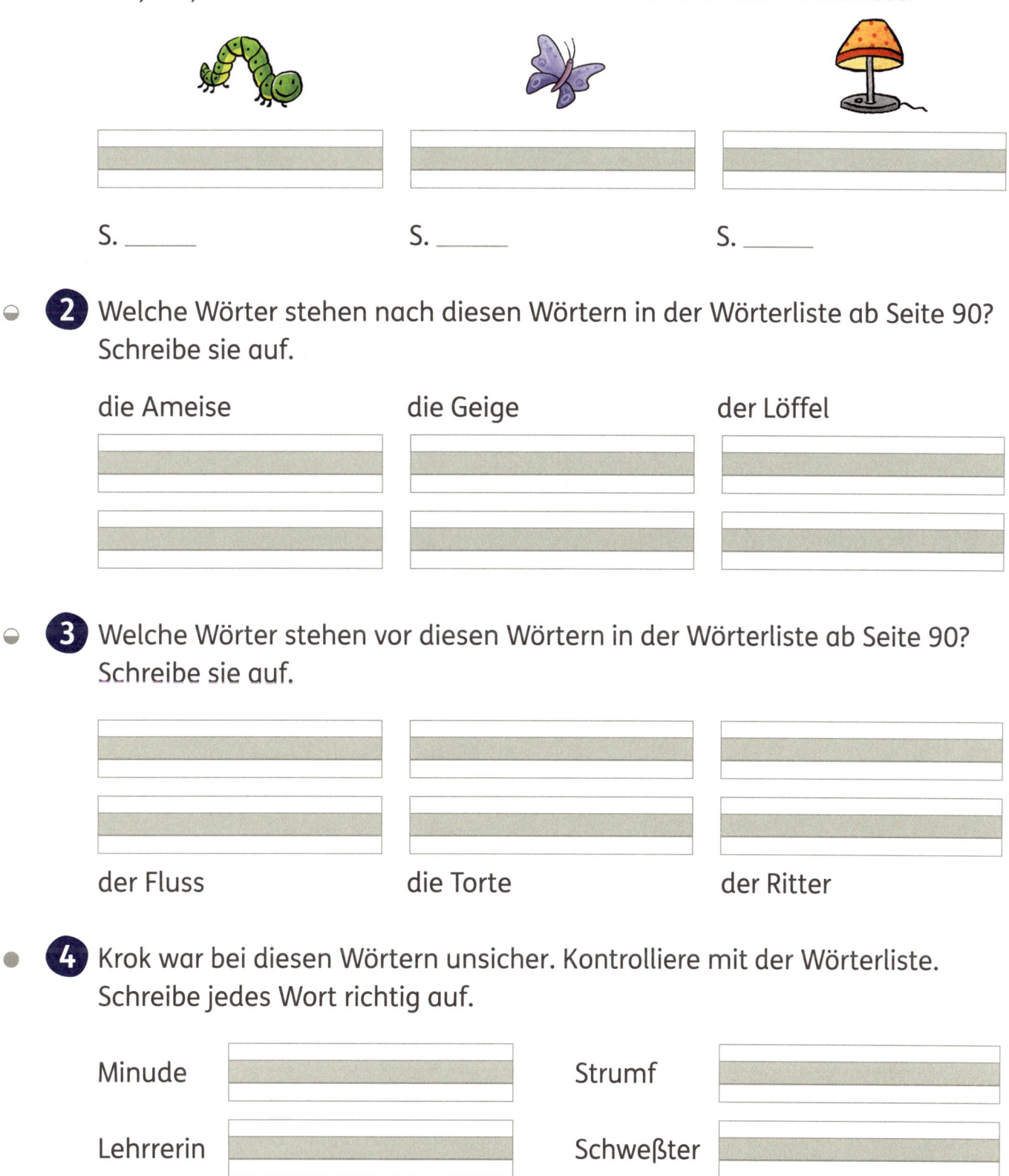

1 Suche die Wörter in der Wörterliste ab Seite 90. Schreibe sie mit den Artikeln **der**, **die**, **das** und der Seitenzahl auf. Kontrolliere mit der Wörterliste.

S. _____   S. _____   S. _____

2 Welche Wörter stehen nach diesen Wörtern in der Wörterliste ab Seite 90? Schreibe sie auf.

die Ameise   die Geige   der Löffel

3 Welche Wörter stehen vor diesen Wörtern in der Wörterliste ab Seite 90? Schreibe sie auf.

der Fluss   die Torte   der Ritter

4 Krok war bei diesen Wörtern unsicher. Kontrolliere mit der Wörterliste. Schreibe jedes Wort richtig auf.

Minude   Strumf

Lehrrerin   Schweßter

5 Schreibe fünf wichtige Wörter. Kontrolliere mit der Wörterliste.

→ SB S. 105

49

Vokale

Es gibt 5 Vokale: A E I O U

○ **1** Setze die fehlenden Vokale ein.
Schreibe die Nomen auf.

Z__br__

H__s__

H__nd

__ff__

T__g__r

D__n__

W__lf

__nt__

__g__l

__l__f__nt

Kr__k__d__l

◐ **2** Ein neuer Vokal – ein neues Wort. Schreibe die Nomen auf.
Markiere die Vokale.

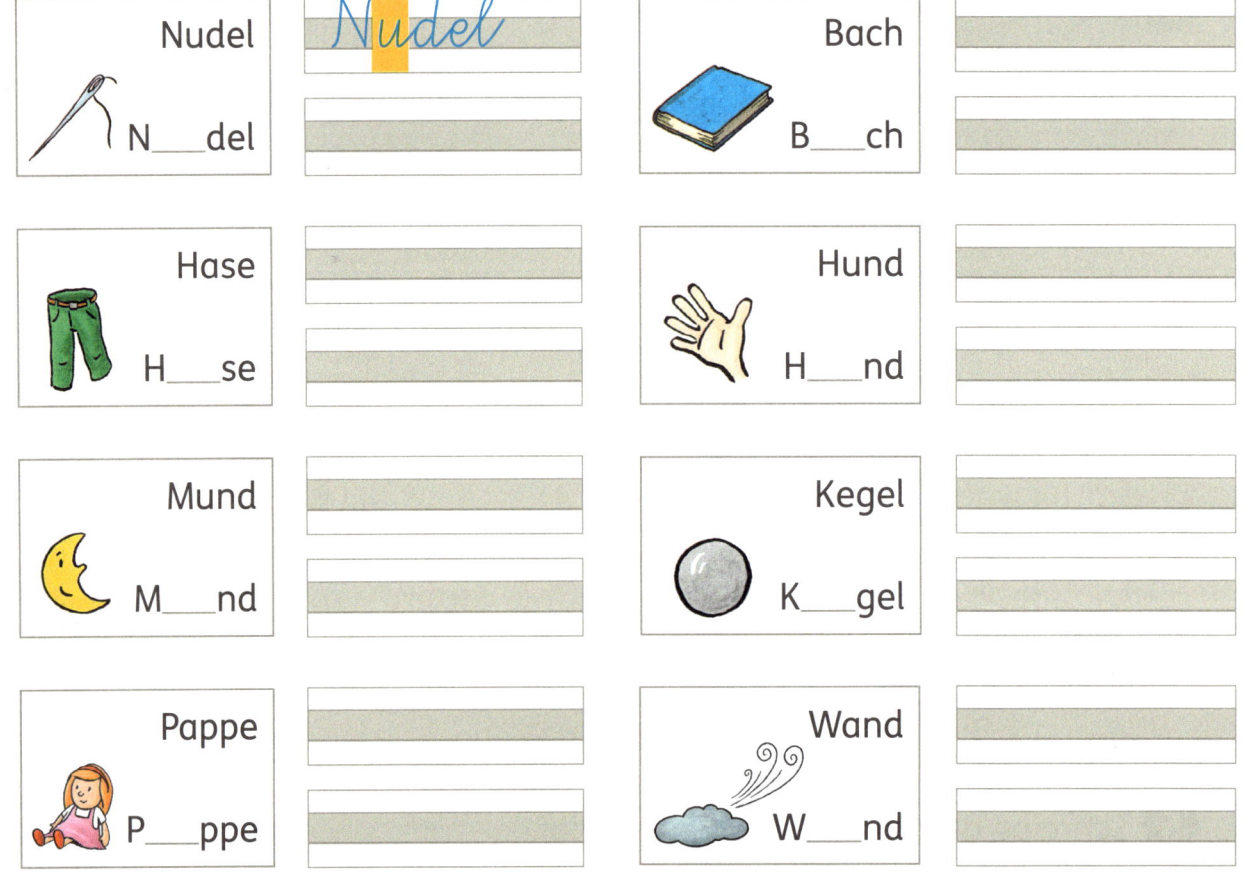

Nudel
N__del

Nudel

Bach
B__ch

Hase
H__se

Hund
H__nd

Mund
M__nd

Kegel
K__gel

Pappe
P__ppe

Wand
W__nd

→ SB S. 106

Betonte Vokale

1 Sprich die Wörter deutlich.
Markiere in jedem Nomen den betonten Vokal.

L**a**ma	Turm	Schiff	Post	Feder
Tonne	Himmel	Tasse	Schule	Herr
Lupe	Tiger	Onkel	Ente	Garten

2 Ordne die Nomen aus Aufgabe 1 nach den betonten Vokalen.

a	*Lama,*
e	
i	
o	
u	

3 Sprich die Lückenwörter deutlich. Setze die betonten Vokale ein.

Auf dem M___rkt

V___ter und ich g___hen auf den M___rkt.

Dort g___bt es fr___sches ___bst:

s___ftige B___rnen und süße Ban___nen.

Wir s___chen aber G___rken,

Tom___ten und Sal___t.

B___nte Bl___men finden wir auch.

4 Schreibe den Text aus Aufgabe 3 auf.

→ SB S. 107

Silben

1 Sprich die Wörter deutlich. Zeichne die Silbenbögen.

2 Schreibe die Nomen. Zeichne die Silbenbögen.
Markiere in jeder Silbe den Vokal.

Gabel

3 Setze die Silben richtig zusammen. Schreibe die Nomen auf.
Markiere die Vokale gelb.

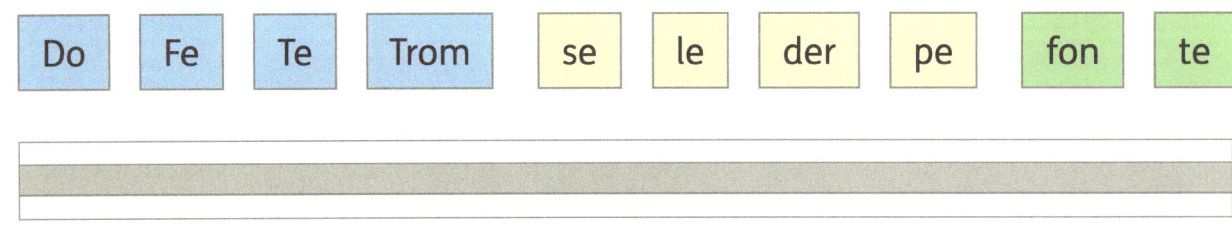

| Do | Fe | Te | Trom | se | le | der | pe | fon | te |

Wörter mit X/x, Qu/qu, C/c Ⓜ

 Wörter mit **X/x** merke ich mir.

 **Qu/qu** heißt **ku** und klingt wie **kw**, wenn man es spricht.

C/c klingt mal wie **s** und mal wie **k**.

1 Schreibe die Nomen mit Artikel und die Verben in der er-Form.

die Qualle,

er quakt,

2 Schreibe die Nomen mit den Artikeln **der**, **die**, **das** und die Verben in der er-Form.

3 Schreibe die Nomen.

 omputer    ent    lown    abrio

→ SB S. 109

1 Schreibe das ABC in Großbuchstaben auf.

A							

2 Schreibe die Nomen mit den Artikeln **der**, **die**, **das**.

3 Setze die passenden Vokale ein.

 __s__l    K__m__l   B__b__r

__l__f__nt   N__sh__rn   R__bb__

4 Markiere in jedem Wort den betonten Vokal gelb.

Dose   Pinsel   malen   Wolf   Tomate

5 Zeichne die Silbenbögen. Markiere die Vokale gelb.

Hase   Salami   Hut   Regenwurm   Marmelade

6 Schreibe die Nomen.

alle   Tai   omputer   alm

Mier   lown   ark   ent

Umlaute

Umlaute sind umgewandelte Vokale.

a → ä
o → ö
u → ü

1 Setze die Umlaute ein.

K_ä_fer   **5** f___nf   L___we   F___ller

h___ren   M___dchen   W___rfel   b___se

Br___tchen   K___fig   B___r   Gem___se

2 Schreibe die Nomen aus Aufgabe 1 geordnet auf.

ä	*Käfer,*
ö	
ü	

3 Schreibe die Nomen mit den Artikeln **der**, **die**, **das** in der Einzahl und in der Mehrzahl. Markiere die Vokale und die Umlaute.

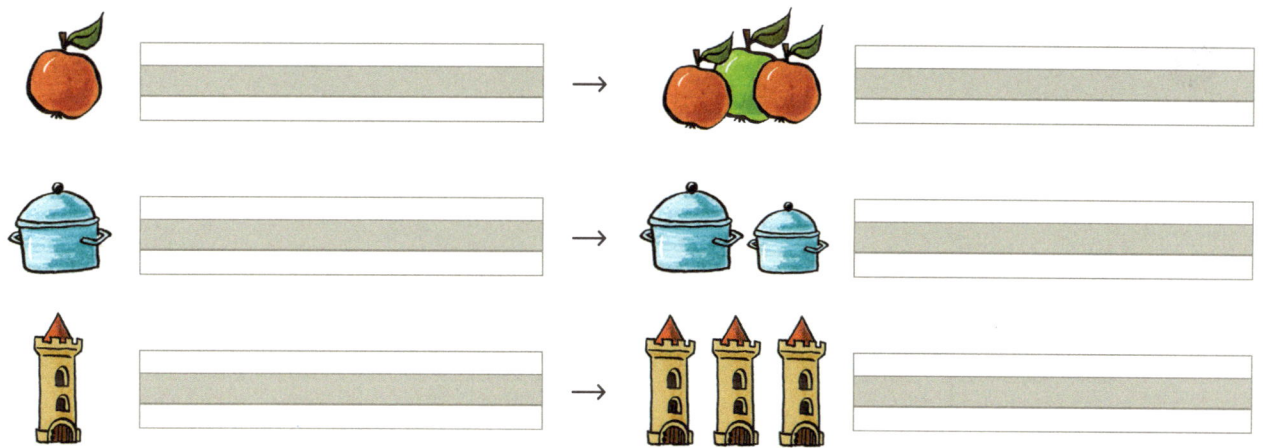

4 Suche weitere Wörter mit Umlauten. Schreibe.

Zwielaute

Ein Zwielaut ist ein Laut aus zwei Vokalen.

Ei/ ei   Au/au   Eu/eu

ai

1 Setzt die Zwielaute **Ei/ei**, **Au/au** oder **Eu/eu** ein. Sprecht die Reime deutlich.

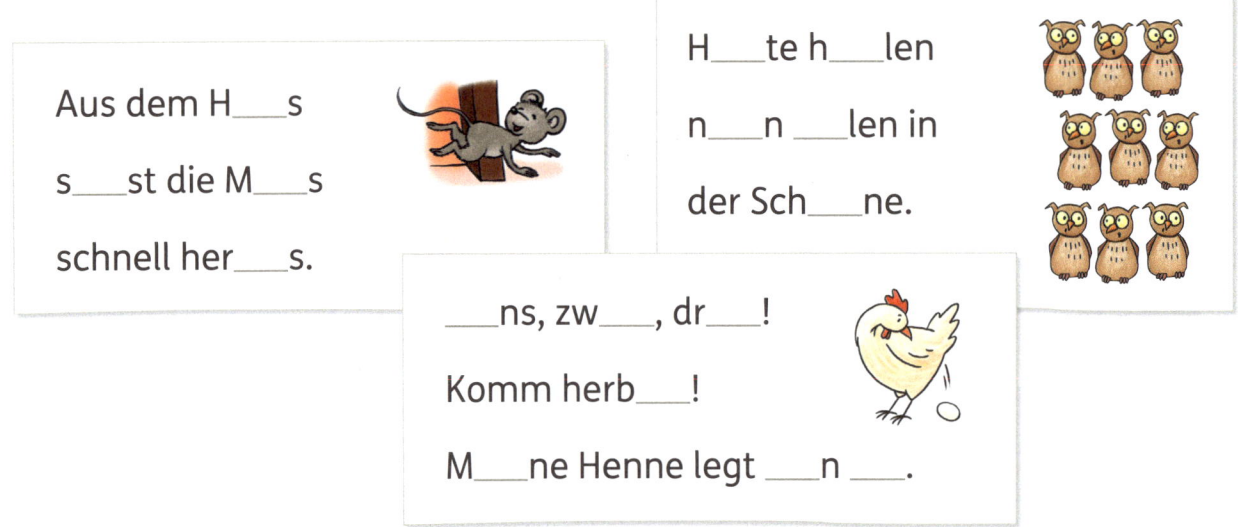

Aus dem H___s
s___st die M___s
schnell her___s.

H___te h___len
n___n ___len in
der Sch___ne.

___ns, zw___, dr___!
Komm herb___!
M___ne Henne legt ___n ___.

2 Setze die Zwielaute ein. Markiere die Zwielaute.

___ro   B___m   B___n   ___ge

___le   Kl___d   Fr___nd   Z___t

3 Schreibe die Nomen aus Aufgabe 2 geordnet auf.

Au/au	
Ei/ei	
Eu/eu	

4 Markiere die Wörter mit Zwielaut.

Raupe   schön   neu   Zahn   Kaiser   eng   reisen   Blüte   Leute

Wörter mit ch

*Das **ch** braucht **zwei Buchstaben** für einen Laut.*

Buch

1 Setze **ch** ein.
Schreibe die Nomen ▲ mit den Artikeln **der**, **die**, **das**
und die Verben ● in der ich-Form.

Na__t   Wo__e   la__en   su__en   brau__en   Dra__e

spre__en   ko__en   ma__en   Tu____   Lo__   Ku__en

▲

●

2 Setze die Wörter aus jedem Wörterturm in einem Satz ein.
Markiere **ch**. Denke daran: Satzanfänge schreibt man groß.

nach
durch
noch

Till saust _____ schnell _____

die Pfützen _____ Hause.

ich
dich
mich
auch

_____ freue _____ , wenn du _____

_____ freuen kannst.

nicht
doch
dich
noch

Ich sehe dich immer _____ ! Du hast _____

_____ gar _____ versteckt.

Wörter mit Sch/sch

Das *Sch/sch* braucht *drei Buchstaben* für *einen Laut*.

Schiff

1 Schreibe die Nomen.

2 Setze **Sch/sch** ein.
Schreibe die Nomen ▲ mit den Artikeln **der**, **die**, **das** und
die Verben ● in der ich-Form.

___irm   ___lafen   ___wester   ___neiden   wa___en

___reiben   ___ale   wün___en   ___wan   Ta___e

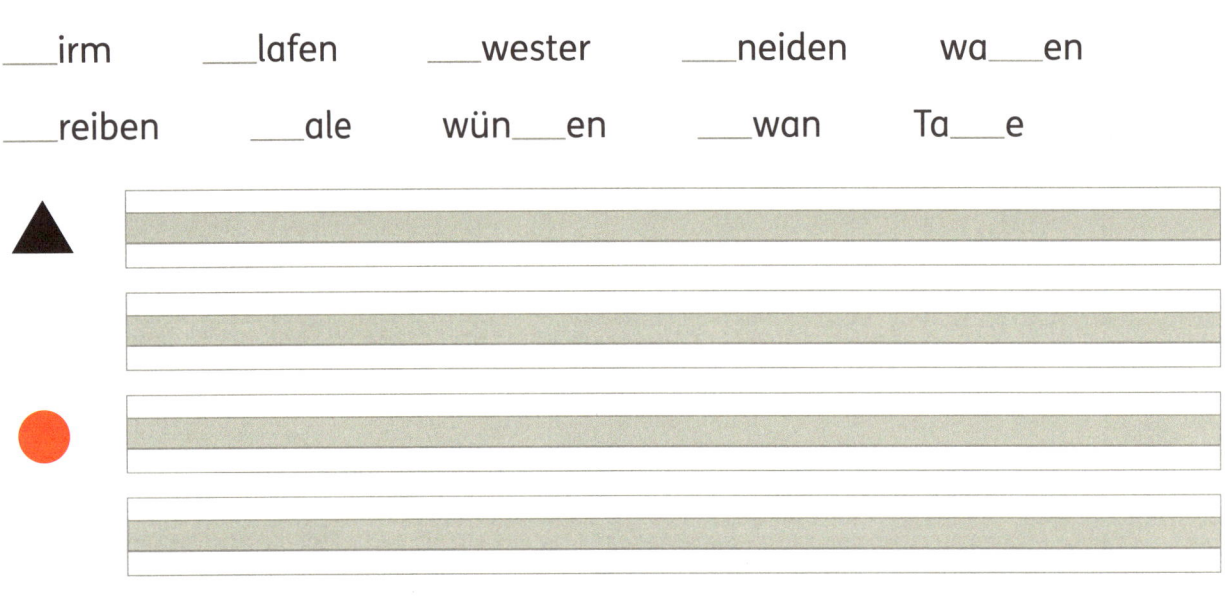

3 Setze **Sch/sch** im Text ein. Sprecht die Sätze deutlich.

Die ____ule ist aus. Die Sonne ____eint. Sa____a wartet auf Mi____a.

Da kommt ____on der Bus. Alle ____üler steigen ein. Wo ist Mi____a?

Mi____a sucht noch seine Ta____e. Sie liegt unter seinem Ti____.

Wörter mit ng und nk

*ng klingt wie **ein Laut**. Genauso wie **nk**. Aber ich schreibe **zwei Buchstaben**.*

Sprich die Wörter in Silben. Das hilft beim Schreiben.

1 Schreibe die Nomen. Markiere **ng**. Zeichne die Silbenbögen.

Tier ohne Beine:

Er gehört zur Hand:

Sie ist im Mund:

Teil einer Pflanze:

Mädchen und ...

Fingerschmuck:

2 Schreibe Reimwörter. Markiere **nk**. Zeichne die Silbenbögen.

Schr *Schrank*   tr *trinken*   d *denken*

B   w   sch

kr   s   l

3 Setze die Verben in der richtigen Form ein.

Olga _____ ein Lied. (singen)

Wer _____ gern Milch? (trinken)

Mein Vater _____ mir zu. (winken)

Ben _____ sein Heft. (bringen)

→ SB S. 114

Wörter abschreiben

So schreibst du Wörter richtig ab:

1. 👄👁 Lies und sprich das Wort deutlich und in Silben.

2. 🔍 Merke dir die Lupenstellen.

3. 📄 Decke das Wort zu.

4. 👁 Stelle dir das Wort noch einmal vor.

5. ✏👄 Schreibe das Wort. Sprich dazu.

6. K K Kontrolliere, ob jeder Buchstabe stimmt.

1 Schreibe die Wörter ab. Beachte die Abschreibtipps.

die Blüte

wir kaufen

ich höre

das Mädchen

die Seife

er schneidet

er badet

die Buben

der Füller

das Lexikon

2 Schreibe mit dem Abschreibtipp 10 Wörter aus der Wörterliste ab.

Verben: Wortstamm und Endbausteine

Der Wortstamm ist immer gleich.

Grundform	ruf
ich	ruf
du	ruf
er, sie, es	ruf
wir	ruf
ihr	ruf
sie	ruf

Wörter werden aus Bausteinen gebildet. Du kennst jetzt Wortstamm und Endbausteine.

ruf en

1 Schreibe die Verben in der ich-, du-, er- und wir-Form.
Markiere den Wortstamm ⌣ und die Endbausteine ⌣.

	rufen	malen	denken
ich	*rufe*		
du			
er			
wir			

	schreiben	üben	hören
ich			
du			
er			
wir			

2 Setze die richtige Form von **malen**, **schreiben**, **fragen**, **lachen** ein.

Ich _____ Flo.

Du _____ Krok einen Brief.

Flo _____ : „Das soll ich sein?"

Da _____ wir auch.

→ SB S. 116

1 Schreibe die Nomen.

2 Bilde die Mehrzahl.

die Hand –

der Vogel –

das Buch –

das Haus –

3 Schreibe die Nomen.

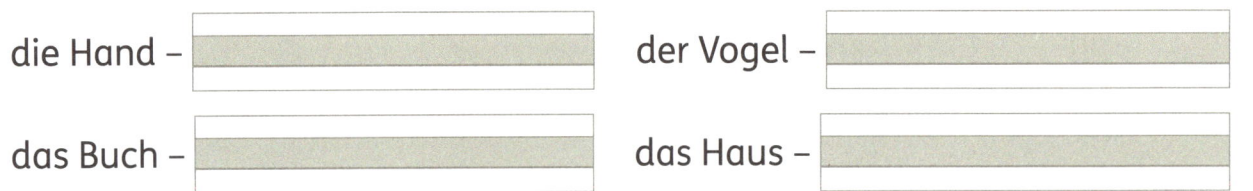

4 Schreibe die Nomen mit **ng** und **nk**. Zeichne die Silbenbögen.

5 Setze die Verben in der richtigen Form ein.
Markiere Wortstamm und Endbaustein.

Ich _____ ein Schiff aus Papier. (falten)

Du _____ es an. (malen)

Wir _____ zum Bach. (laufen)

PeKaTe-Wörter*

> Das PeKaTe mag Wörter mit P/p, K/k oder T/t.

Torte

Palme

Kaktus

1 Sprecht die Nomen deutlich.
Markiert die Nomen mit **P/p**, **K/k** und **T/t**.

  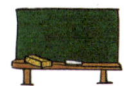  

2 Schreibe die Wörter mit **P/p**, **K/k**, **T/t** aus Aufgabe 1 mit Artikel auf.
Markiere **P/p**, **K/k** und **T/t**.

die Raupe,

3 Welche Wörter mag das PeKaTe? Schreibe auf. Markiere **p**, **k**, **t**.

hinter	seit	lenken	der	nicht	gleich	tanken

unten	weiter	sagen	kein	ob	mit	rot

oder	trinken	gelb	krank	acht	kühl

hinter,

→ SB S. 118

* Dieser Begriff ist nicht Inhalt des LehrplanPLUS Grundschule.

BeGeDe-Wörter*

> Das BeGeDe mag Wörter mit B/b, G/g oder D/d.

1 Sprecht die Nomen deutlich.
Markiert die Nomen mit **B/b**, **G/g**, **D/d**.

2 Schreibe die Wörter mit **B/b**, **G/g**, **D/d** aus Aufgabe 1 mit Artikel auf.
Markiere **B/b**, **G/g** und **D/d**.

der Baum,

3 Welche Wörter mag das BeGeDe? Schreibe auf. Markiere **b**, **g**, **d**.

| baden | loben | tanken | gern | dann | geben | lenken |

| dumm | gerade | sagen | dein | der | die | das |

| oder | unter | braun | grün | drei | bis |

baden,

→ SB S. 119
* Dieser Begriff ist nicht Inhalt des LehrplanPLUS Grundschule.

PeKaTe- und BeGeDe-Wörter*

Was ist mit „Gurke" und „Tiger"?

1 Sprecht die Nomen deutlich. Markiert die Wörter für das PeKaTe rot und für das BeGeDe grün. Welche Wörter passen für beide?

2 Welche Wörter mag das PeKaTe? Welche Wörter mag das BeGeDe? Schreibe die Nomen mit Artikel auf.

> Keks   Gans   krank   Ast   Baum   lenken   Bach
> Regen   Tapete   sagen   Tüte   baden   Beule   blau
> Krone   Pumpe   kochen   leben   Rabe   Kiste

PeKaTe: der Keks,

BeGeDe: die Gans,

3 Das sind PeKaTe- und BeGeDe-Wörter. Setze richtig ein.

___lume   ___ilz   Wol___e   Flü___el   Lu___e   Na___el   ___irche   ___irne

4 Male selbst ein BeGeDe und PeKaTe. Schreibe Wörter dazu.

Wörter mit V/v Ⓜ

Wörter mit V/v musst du dir merken.

V/v klingt manchmal wie F/f und manchmal wie W/w.

Vase

Vogel

1 Suche die Wörter mit **V/v**. Kreise ein.

Vater   Vase   vier   Vogel   von   voll   viel   vor

V	R	V	A	T	E	R	W	R	F	G	T	V	N	U	B	O	R
O	Z	U	I	O	P	Ö	Ä	V	A	S	E	O	V	I	E	L	V
L	H	M	Z	U	I	O	V	I	E	R	P	N	L	M	K	J	O
L	I	V	O	G	E	L	K	E	S	W	V	L	N	K	L	X	R

2 Schreibe die Wörter aus Aufgabe 1 auf. Markiere **V/v**.

voll,

3 Setze passende Wörter mit **V/v** aus Aufgabe 2 ein.

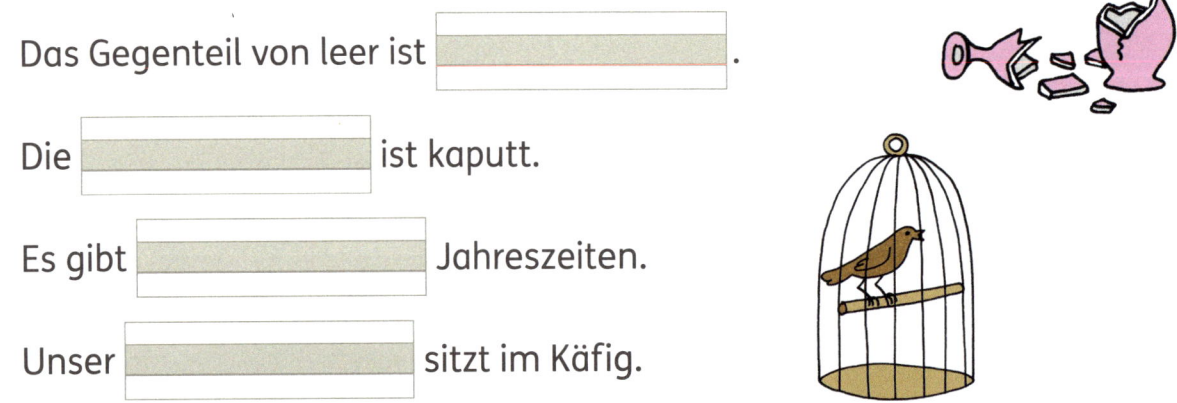

Das Gegenteil von leer ist _____.

Die _____ ist kaputt.

Es gibt _____ Jahreszeiten.

Unser _____ sitzt im Käfig.

4 Male einen bunten Vogel. Schreibe Wörter mit **V/v** dazu.

Wörter mit ie

> *Ein lang gesprochenes i wird meistens ie geschrieben.*

1 Sprecht die Nomen deutlich.
Wo klingt **i** lang? Markiert.

Biene   Spiegel   Spinne   Ziege   Wiese

Fliege   Pizza   Pinsel   Riese   Pilz

Wiege   Zwiebel   Brief   Insel

2 Schreibe die Nomen, in denen **i** lang klingt mit Artikel auf.
Markiere **ie**.

die Biene,

3 Markiere die Reimwörter mit der gleichen Farbe. Schreibe sie auf.
Markiere **ie**.

| die | Liege | vier | liegen | viel | lieben |
| Fliege | hier | wie | Spiel | sieben | biegen |

die – wie,

Wörter mit ie ⌣

ie steht oft am Ende der 1. Silbe.
Bie ne   Wie se

○ **1** Sprich die Nomen deutlich und in Silben.
Zeichne die Silbenbögen ein.

| Fliege | Spiegel | Biene | Wiese |
| Riese | Wiege | Zwiebel | Ziege |

◐ **2** Schreibe die Nomen aus Aufgabe 1 mit den Artikeln **der**, **die**, **das** auf.
Zeichne die Silbenbögen ein. Markiere **ie**.

die Fliege,

◐ **3** Setze die Silben zu Verben zusammen. Markiere **ie**.

| lie | lie | sie | spie | flie | bie |

| ben | gen | ben | gen | len | gen |

● **4** Schreibe einen lustigen Satz zu dem Bild.

Wörter mit stummem -h

Manche Wörter mit langem Vokal werden mit stummem h geschrieben.

Diese Wörter musst du dir merken.

1 Markiere in den Wörtern den langen Vokal oder Umlaut und das stumme **-h**.

Zahl	bohren	Jahr	Ohr	zehn	Frühling	Lehrer

Zahn	Zähne	geht	Sohn	Uhr	fühlen	Höhle

2 Schreibe die Wörter aus Aufgabe 1 geordnet auf. Markiere **-h**.

 ah/äh

 eh

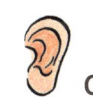 oh/öh

 uh/üh

3 Schreibe die Verben in der er- und wir-Form auf.

fühlen	*er fühlt, wir*
zahlen	
zählen	
wohnen	

→ SB S. 122

1 **D/d** oder **T/t**? Schreibe die Nomen.

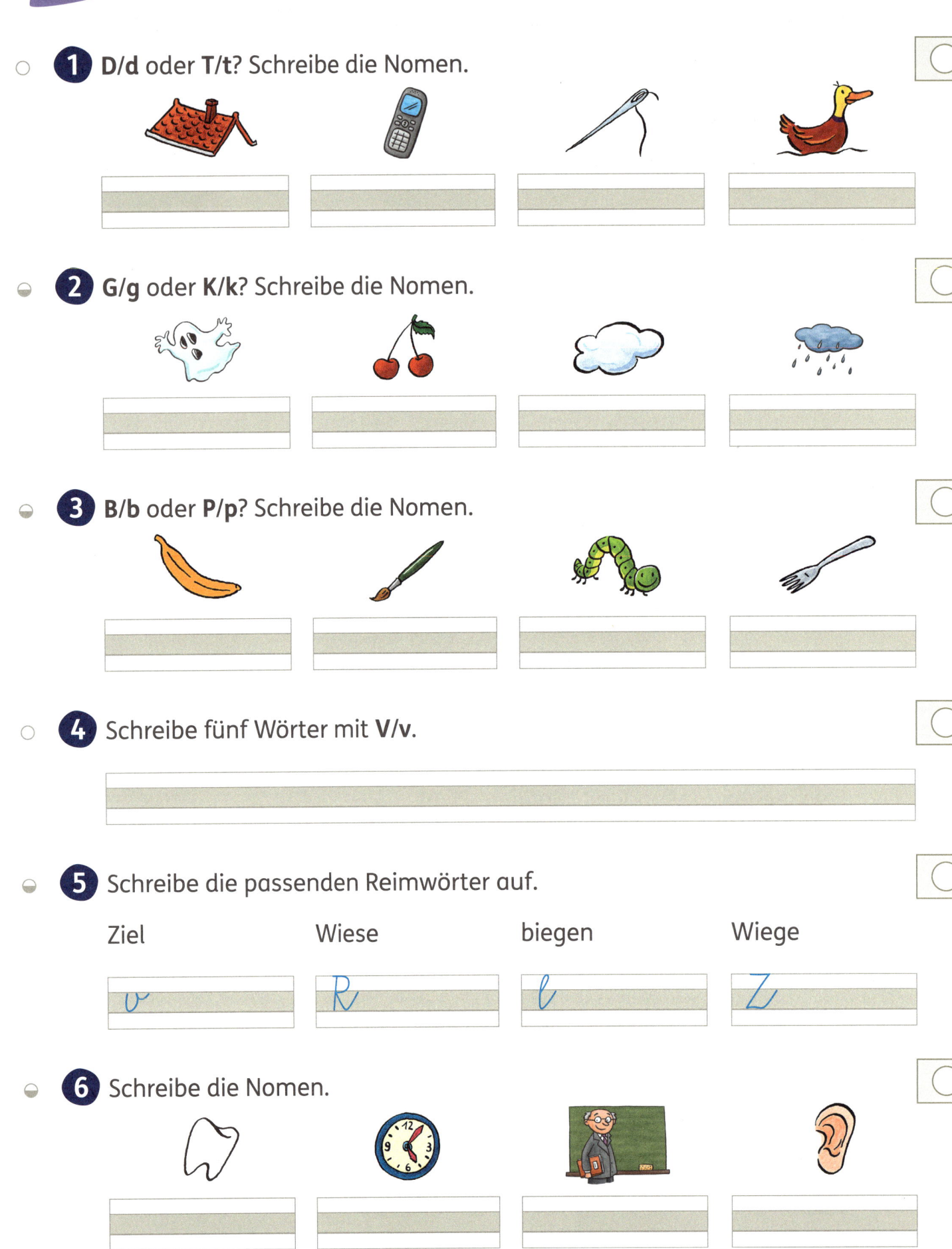

2 **G/g** oder **K/k**? Schreibe die Nomen.

3 **B/b** oder **P/p**? Schreibe die Nomen.

4 Schreibe fünf Wörter mit **V/v**.

5 Schreibe die passenden Reimwörter auf.

Ziel   Wiese   biegen   Wiege

v   *R*   *l*   *Z*

6 Schreibe die Nomen.

Wörter mit Pf/pf 👄

1 Lest und sprecht die Nomen deutlich. Setzt **Pf/pf** ein.

____lanze   ____eil   ____au   ____ote   ____eife   ____irsich

Ko____   Zo____   Strum____   A____el   Tro____en   Gi____el

2 Schreibe die Nomen aus Aufgabe 1 mit Artikel. Markiere **Pf/pf**.

die Pflanze,

> Pf/pf klingt wie ein Laut.

3 Schreibe die Verben in der ich-Form und in der wir-Form. Zeichne die Silbenbögen. Markiere **Pf/pf**.

| klopfen | impfen |

| hüpfen | tropfen |

ich klopfe – wir klopfen

4 Schreibe einen Satz mit Wörtern mit **Pf/pf** aus Aufgabe 1 und 3.

→ SB S. 125

Offene und geschlossene Silben ☺

○ **1** Sprich die Wörter in Silben. Zeichne die Silbenbögen.
Markiere den Vokal/Umlaut am Ende der 1. Silbe.

R a b e	K ä f e r	h o l e n	r u f e n	N a m e
b ö s e	N a d e l	r a t e n	J u n i	m a l e n
h ö r e n	s p a r e n	G a b e l	F e d e r	T ü t e

◑ **2** Schreibe die Wörter aus Aufgabe 1 mit Silbenbögen auf.
Markiere den Vokal/Umlaut am Ende der 1. Silbe.

○ **3** Sprich die Wörter deutlich. Zeichne die Silbenbögen.
Markiere den Konsonanten am Ende der 1. Silbe.

M u t t e r	K i s t e	T a n t e	b i n d e n	h e l f e n
W i n t e r	b a s t e l n	b e l l e n	w i n d i g	t u r n e n
P f l a n z e	G a r t e n	S o m m e r	w e r f e n	w ü n s c h e n

◑ **4** Schreibe die Wörter aus Aufgabe 3 mit Silbenbögen auf.
Markiere den Konsonanten am Ende der 1. Silbe.

Offene und geschlossene Silben

La ma

Die erste Silbe ist offen. Am Ende steht ein Vokal/ Umlaut.

Die erste Silbe ist geschlossen. Am Ende steht ein Konsonant.

Lam pe

1 Sprich die Nomen deutlich. Zeichne die Silbenbögen.

 Pinsel  Hose   Vase  Kiste

 Flöte  Brille  Wolke   Rose

 Sonne  Winter   Käse   Blume

2 Schreibe die Nomen aus Aufgabe 1 mit Artikel geordnet auf.

Vokal am Ende: 1. Silbe offen	Konsonant am Ende: 1. Silbe geschlossen
	der Pin-sel

3 Sprich die Wörter deutlich. Markiere Verben mit offener und geschlossener 1. Silbe unterschiedlich.

lesen	finden	lernen	schlafen	loben	turnen
warten	dürfen	suchen	essen	legen	baden

→ SB S. 127

Wörter mit Doppelkonsonanten ⊝

> Achte auf den betonten Vokal.
> Klingt er lang oder kurz?
> Doppelkonsonanten kommen
> immer nach einem kurzen Vokal.

1 Schreibe die Nomen. Markiere den kurzen betonten Vokal.

die Puppe — die Pfanne — der Koffer — die Kasse

Puppe

die Wanne — der Affe — die Brille — die Wippe

der Füller — die Welle — die Sonne — die Trommel

2 Schreibe die Wörter. Markiere den kurzen betonten Vokal.

Wetter	füllen	Suppe	Donner	Keller
Gewitter	Bett	Quelle	Futter	kommen
Lippe	Brunnen	wollen	fallen	

Wetter,

3 Suche weitere Wörter mit Doppelkonsonanten in der Wörterliste. Schreibe.

Wörter mit Doppelkonsonanten ⌣

> *Sprich das Wort in Silben, dann hörst du die Doppelkonsonanten.*

Tel ler

1 Verbinde die Silben zu Wörtern.

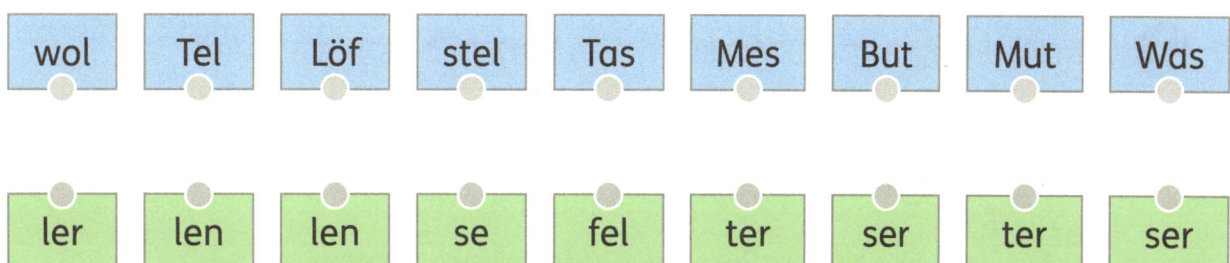

| wol | Tel | Löf | stel | Tas | Mes | But | Mut | Was |

| ler | len | len | se | fel | ter | ser | ter | ser |

2 Schreibe die Wörter aus Aufgabe 1 auf. Zeichne die Silbenbögen.

wollen,

3 Setze die passenden Wörter aus Aufgabe 2 ein.

Frühstück

Ella und Ben _____ am Morgen den Tisch decken.

Zuerst stellen sie _____ und _____ hin.

Dann holen sie _____ und _____ aus dem Schrank.

Sie nehmen die _____ aus dem Kühlschrank.

Ein Glas mit _____ darf auch nicht fehlen.

Die _____ freut sich.

→ SB S. 129

Sätze abschreiben

So schreibst du Sätze richtig ab:

1. 👄👁 Lies und sprich den Satz deutlich.

2. 🔍 Merke dir die Lupenstellen.

3. 📄 Decke so viele Wörter zu, wie du dir merken kannst.

4. 👁 Stelle dir die Wörter vor.

5. ✏️👄 Schreibe jedes Wort auf. Sprich dazu.

6. 👆👆 Kontrolliere, ob jedes Wort stimmt.

1 Schreibe die Sätze mit dem Abschreibtipp ab. Denke daran:
– Jeder Satz fängt mit einem großen Buchstaben an.
– Am Ende des Satzes steht ein Punkt.

Ich hüpfe vor Freude in die Luft.

Ich lache laut über einen Witz.

Ich finde bunte Farben schön.

Ich kann gut rennen und springen.

Ich mache mit Freunden Musik.

Ich baue einen hohen Turm.

1 Bilde Wörter mit **Pf/pf**. Schreibe die Wörter.

Pfan	Gip	Karp	Pflan	klop

fel	fen	ne	fen	ze

2 Schreibe die Wörter mit Silbenbögen in die richtige Spalte.

Käfer   Winter   malen   turnen

Kater   Feder   Klasse   Kerze

erste Silbe offen	erste Silbe geschlossen

3 Schreibe die Nomen. Zeichne die Silbenbögen.
Markiere den kurzen Vokal in der ersten Silbe.

Wörter mit St/st und Sp/sp

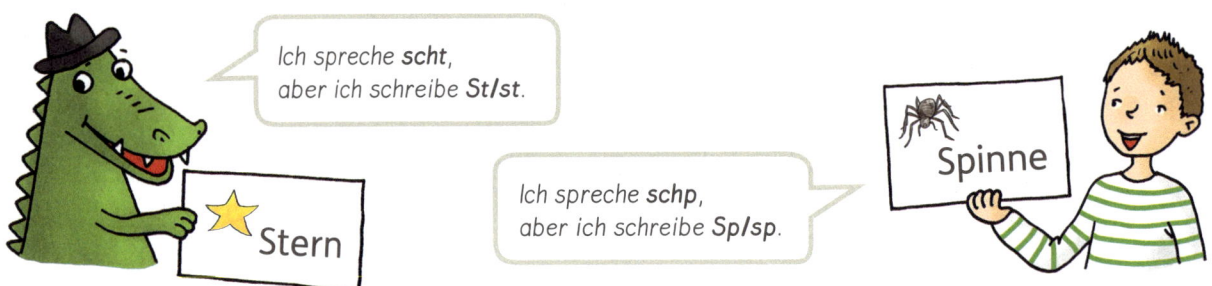

*Ich spreche **scht**, aber ich schreibe **St/st**.*

*Ich spreche **schp**, aber ich schreibe **Sp/sp**.*

Stern

Spinne

1 Schreibe die Nomen mit Artikel. Markiere **St** und **Sp**.

ein *der Stein*

echt

ift

unde

irn

inne

uhl

iegel

ern

orch

ort

itze

iefel

agetti

2 Setze passende Verben ein. Markiere **st** und **sp**.

Tim _____ auf eine Leiter.

Nele _____ ihr Taschengeld.

Emine _____ gern Fußball.

Die Klasse _____ über Dinos.

Du _____ mich bei der Arbeit.

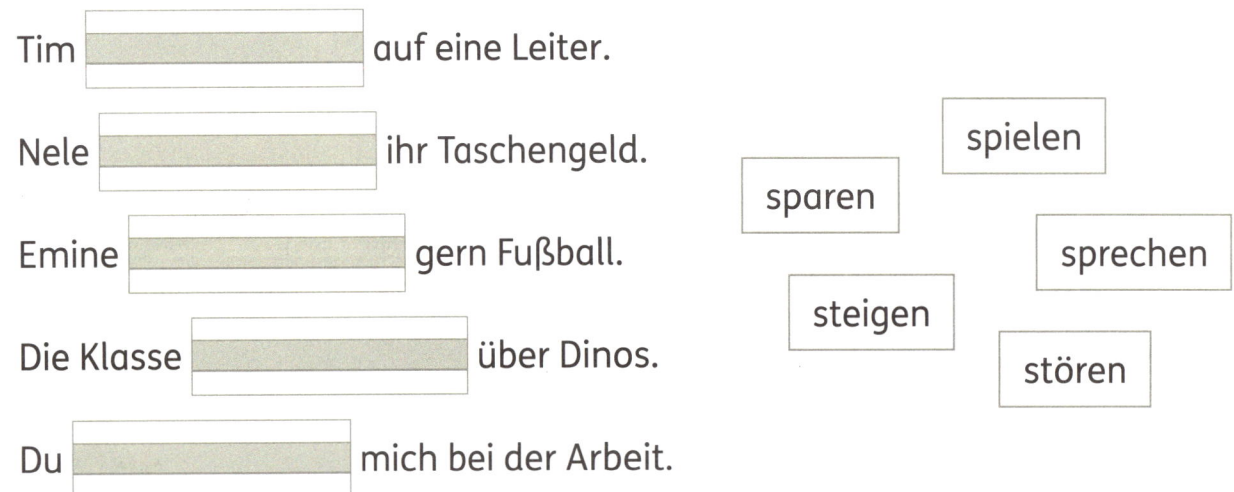

spielen

sparen

sprechen

steigen

stören

Wörter mit Ä/ä

Ä/ä kommt von A/a.

Schreibe Ä/ä, wenn es ein verwandtes Wort mit A/a gibt.

1 Schreibe die Nomen in der Mehrzahl. Markiere **Ä/ä**.

der Apfel — *die Äpfel*   der Ball —

das Blatt —   das Rad —

das Gras —   der Satz —

2 Schreibe die Nomen in der Einzahl. Markiere **A/a**.

die Mäntel —   die Äste —

die Männer —   die Bänke —

die Dächer —   die Nächte —

3 Setze die Verben in der richtigen Form ein. Markiere **ä**.

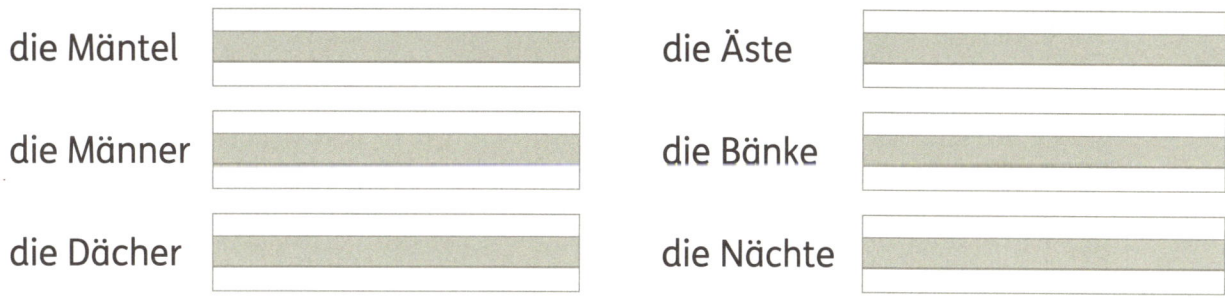

Ben _____ den Einkaufskorb. (tragen)

Samira _____ Mamas Hand. (halten)

Der Wind _____ mir ins Gesicht. (blasen)

Der Apfel _____ vom Baum. (fallen)

Oma _____ mit dem Bus. (fahren)

→ SB S. 133

Wörter mit Äu/äu ⚡

Äu/äu kommt von Au/au.

Schreibe Äu/äu, wenn es ein verwandtes Wort mit Au/au gibt.

1 Schreibe die Nomen in der Mehrzahl. Markiere **Äu/äu**.

der Baum	*die Bäume*	das Kraut	
das Haus		der Traum	
die Maus		der Raum	

2 Schreibe ein verwandtes Wort mit **Au/au**. Markiere alle Wörter mit **Au/au**.

der Käufer		die Bäuche	
der Läufer		der Räuber	
das Gebäude		das Äuglein	

3 Lies den Text. Schreibe die Wörter mit **äu**. Markiere **äu**.

In Bens Straße stehen viele Häuser.
Die meisten Gärten haben Zäune.
In den Gärten wachsen Sträucher und Bäume.
In Bens Garten gibt es ein Beet mit Kräutern.
Bens Katze läuft gern im Garten herum und fängt Mäuse.

4 Schreibe zu jedem Wort mit **äu** aus Aufgabe 3 ein verwandtes **au-Wort**.

Wörter mit tz und ck ⊙

*Schreibe **tz** und **ck** nach kurzem Vokal.*

1 Sprich die Wörter deutlich.
Markiere den kurzen Vokal vor **tz** und **ck**.

Schnecke   Hecke   Katze   Tatze   putzen   backen   sitzen

Brücke   kratzen   Mücke   packen   Satz   wecken   Blitz

2 Schreibe die Wörter aus Aufgabe 1 geordnet auf.

tz	

ck	

3 Schreibe verwandte Nomen. Markiere den kurzen Vokal vor **tz** und **ck**.

blitzen   *der Blitz*   wecken

backen   sitzen

decken   spitzen

4 Schreibe die Wörter in Silben. Zeichne die Silbenbögen.

Glocke   Zucker   Brücke   Decke   Jacke   Socke

→ SB S. 135

1 Setze Wörter mit **St/st** und **Sp/sp** ein.

60 Minuten sind eine _____ .

Ich _____ mein Taschengeld.

Flo möchte Fußball _____ .

In der Nacht leuchten am Himmel viele _____ .

Ein Papagei kann _____ .

2 Schreibe das verwandte Wort mit **A/a**.

die Äpfel _____   die Gäste _____

er schläft _____   er trägt _____

3 Schreibe die Wörter in der Mehrzahl.

das Haus _____   der Traum _____

das Kraut _____   der Baum _____

4 Schreibe verwandte Wörter mit **au**.

der Läufer _____   der Räuber _____

die Käuferin _____   träumen _____

5 Setze **tz** und **ck** ein.

Ta____e   Schne____e   He____e   Mü____e   We____er

Wörter mit el, er 🧳

1 Bilde Nomen mit den Endbausteinen **el** und **er**.

Apf*el*

Nad____

Taf____

Himm____

Löff____

Vog____

Ampel

Vat____

Mutt____

Tig____

Somm____

Wint____

Roll____

Käfer

2 Schreibe die Nomen aus Aufgabe 1 mit Artikel auf. Markiere den Endbaustein.

el:

er:

3 Setze passende Wörter aus Aufgabe 1 ein.

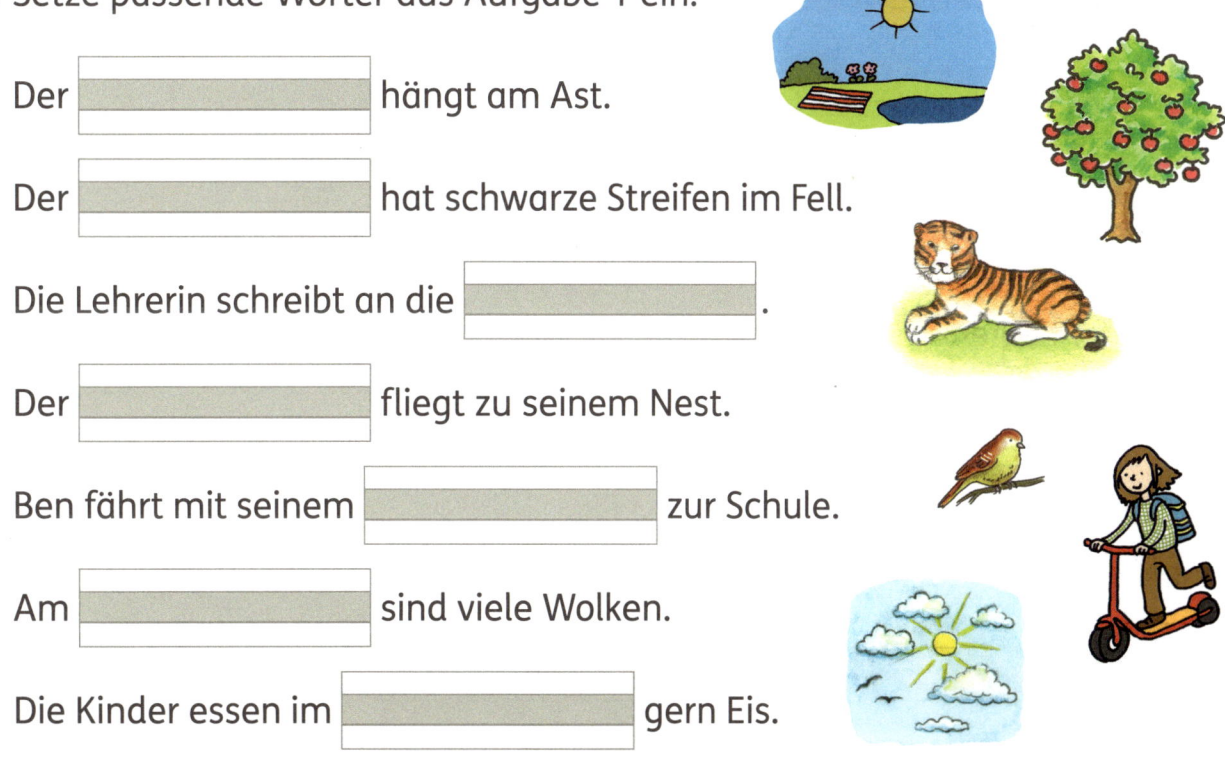

Der _____ hängt am Ast.

Der _____ hat schwarze Streifen im Fell.

Die Lehrerin schreibt an die _____ .

Der _____ fliegt zu seinem Nest.

Ben fährt mit seinem _____ zur Schule.

Am _____ sind viele Wolken.

Die Kinder essen im _____ gern Eis.

→ SB S. 138

Wortende b, d, g bei Nomen ↪

Wind

Am Ende des Wortes klingen die Laute b, d, g hart. Verlängere und sprich deutlich in Silben: die Win de

1 Setze die Nomen in die Mehrzahl. Trage **b**, **d** oder **g** ein.

der Win_d_ → *die Winde*   der We___ →

der Ber___ →   der Mon___ →

das Pfer___ →   der Ta___ →

der Kor___ →   der Freun___ →

der Zwer___ →   das Ra___ →

2 Schreibe die Sätze auf. Ersetze die Bilder durch Wörter. Markiere **b**, **d**, **g**.

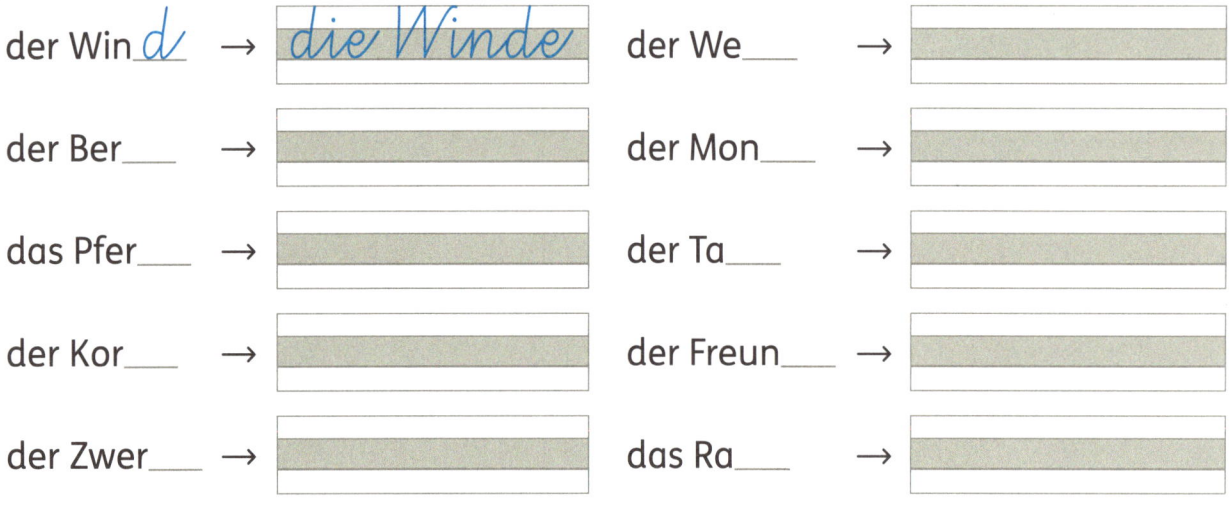

Ich stehe im 🌳🌳. Der ☁️ bläst mir ins Gesicht. Da kommt

ein 🧝. Er nimmt mich an die ✋. Wir gehen auf einen ⛰️. Ich lege

Edelsteine in den 🧺.

Wortende b, d, g bei Adjektiven

 halb

> Am Ende des Wortes klingen die Laute b, d, g hart. Verlängere und sprich deutlich in Silben: der hal_be_ Apfel

1 Verlängere die Adjektive. Trage den richtigen Buchstaben ein.

Obst ist gesun_d_ .   *das gesunde Obst*

Bananen sind gel___ .

Das Pferd ist wil___ .

Der Hund ist lie___ .

Der Ball ist run___ .

Das Mädchen ist klu___ .

2 **b** oder **p**, **d** oder **t**, **g** oder **k**? Überprüfe und verlängere die Adjektive.

trü___	bun___	wil___	klu___

star___	run___	kal___

das trü___e Wetter   →   Das Wetter ist trü___ .

das bun___e Bild   →   Das Bild ist bun___ .

das wil___e Tier   →   Das Tier ist wil___ .

der klu___e Junge   →   Der Junge ist klu___ .

der star___e Mann   →   Der Mann ist star___ .

der run___e Mond   →   Der Mond ist run___ .

das kal___e Wetter   →   Das Wetter ist kal___ .

→ SB S. 139

d oder t, g oder k, b oder p bei Verben ↪

Er grä?t.

Verlängere und sprich deutlich in Silben: Wir gra ben.

1 Schreibe die Verben in der er-Form und in der wir-Form.
Markiere **b** und **g**.

schreiben	lieben	leben	üben	kleben	legen	sagen	liegen

er schreibt – wir schreiben,

2 Setze die Verben aus Aufgabe 1 in der richtigen Form ein.

Samira _____ ihren Hamster.

Johnny _____ in England.

Emil _____ mit der Wörterliste.

Mein Vater _____ einen Brief.

Das Huhn _____ ein Ei.

Wer _____ mir die Lösung?

Ali _____ krank im Bett.

Ben _____ das Blatt in sein Heft.

Wörter mit ß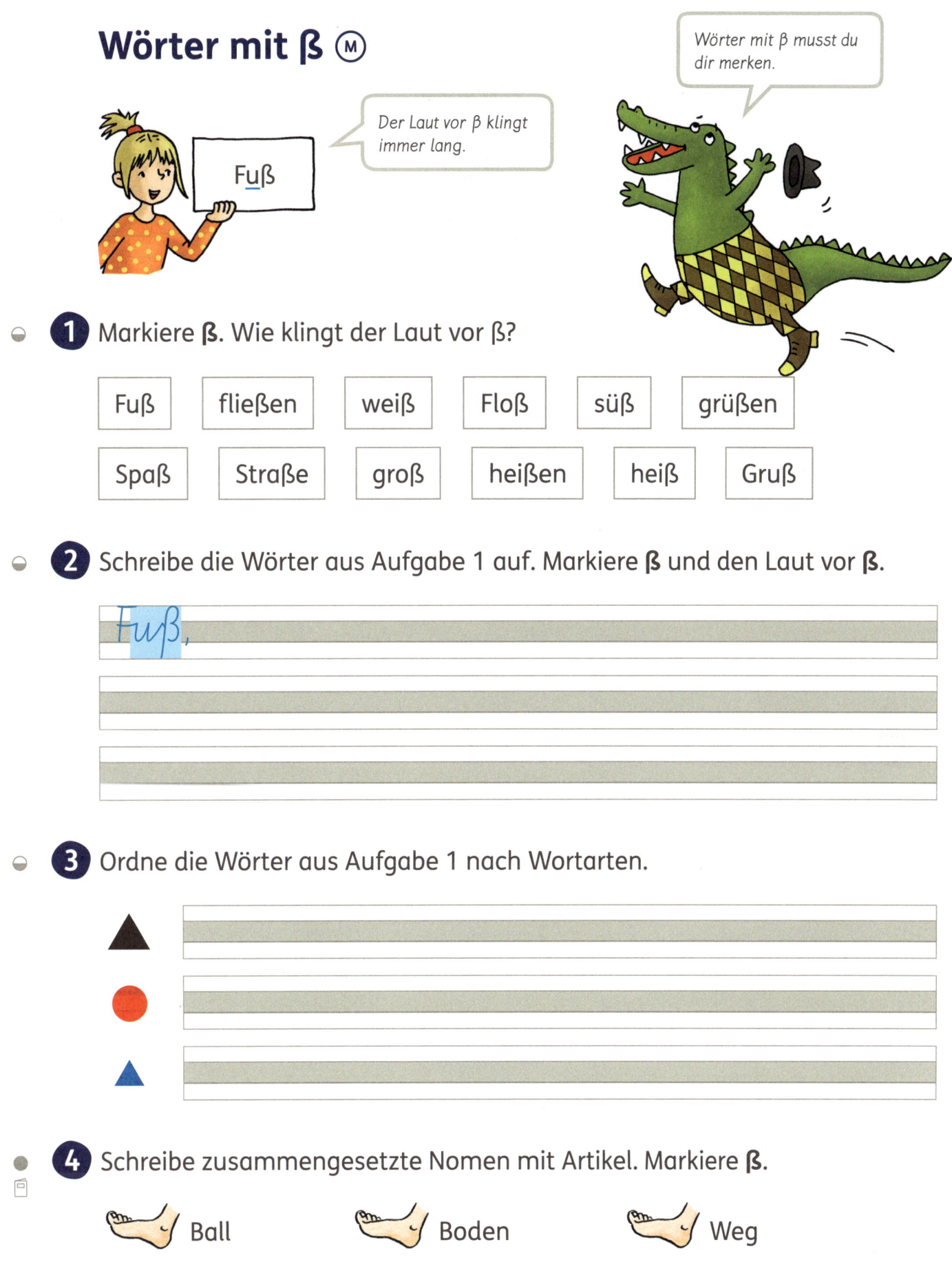

Fuß

Der Laut vor ß klingt immer lang.

Wörter mit ß musst du dir merken.

1 Markiere **ß**. Wie klingt der Laut vor ß?

| Fuß | fließen | weiß | Floß | süß | grüßen |

| Spaß | Straße | groß | heißen | heiß | Gruß |

2 Schreibe die Wörter aus Aufgabe 1 auf. Markiere **ß** und den Laut vor **ß**.

Fuß,

3 Ordne die Wörter aus Aufgabe 1 nach Wortarten.

▲

●

▲

4 Schreibe zusammengesetzte Nomen mit Artikel. Markiere **ß**.

Ball   Boden   Weg

Spitze   Gänger   Nagel

→ SB S. 142

Auf r achten 👄 🔄

> Sprich die Wörter deutlich und in Silben. Dann kannst du r gut hören.

> Du kannst die Wörter auch verlängern: die Tü͜ren

Tür

1 Setzt **r** in die Wörter ein. Lest und sprecht deutlich.

die Bi͡rne   der Ga__ten   die To__te   die Wu__zel   die Pe__le

a__beiten   tu__nen   dü__fen   wa__ten   antwo__ten

2 Schreibe die Wörter aus Aufgabe 1. Zeichne die Silbenbögen. Markiere **r**.

die Birne,

3 Setze **r** ein. Verlängere und zeichne die Silbenbögen. Markiere **r**.

das Wo__t   der A__m   das To__   das Tie__   der Wu__m

die Wörter,

4 Bilde zusammengesetzte Nomen. Schreibe sie mit Artikel auf.

Haus   Garten   Zimmer

Auto   Balkon   Stall

1 Ergänze _el_ und _er_. Markiere _el_ und _er_.

der Es___   die Wurz___   der Wint___   der Spieg___

2 Schreibe die Nomen.

der Bu   das Bro   der Schran

das Gel   die Bur   das Mikrosko

3 **d** oder **t**, **b** oder **p**, **g** oder **k**? Setze ein.

Der Löwe ist wil___.   Das Kätzchen ist lie___.   Mein Opa ist klu___.

4 Ergänze die Wörter.

Ella schrei____ einen Brief.   Das Huhn le____ ein Ei.   Luis fra____ Ali.

5 Schreibe fünf Wörter mit **ß**.

6 Schreibe die Nomen. Zeichne die Silbenbögen.

89

A

ab
der **Abend,** die Abende
aber
der **Affe,** die Affen
alle
alles
als
also
alt, älter
die **Ameise,** die Ameisen
die **Ampel,** die Ampeln
an
die **Angst,** die Ängste
antworten, er antwortet
der **Apfel,** die Äpfel
der **April**
arbeiten, er arbeitet
der **Arm,** die Arme
der **Ast,** die Äste
auch
auf
die **Aufgabe,** die Aufgaben
das **Auge,** die Augen
der **August**
aus
außen
das **Auto,** die Autos
die **Axt,** die Äxte

B

das **Baby,** die Babys
der **Bach,** die Bäche
backen, er backt
der **Bäcker,** die Bäcker
baden, sie badet
der **Ball,** die Bälle
die **Banane,** die Bananen
die **Bank,** die Bänke
der **Bär,** die Bären
der **Bauch,** die Bäuche

bauen, er baut
der **Baum,** die Bäume
der **Becher,** die Becher
bei
das **Bein,** die Beine
beißen, er beißt
bellen, er bellt
der **Berg,** die Berge
das **Bett,** die Betten
die **Beule,** die Beulen
bewegen, er bewegt
bezahlen, sie bezahlt
der **Biber,** die Biber
biegen, er biegt
die **Biene,** die Bienen
das **Bild,** die Bilder
ich **bin**
die **Birne,** die Birnen
bis
du **bist**
bitten, er bittet
blasen, er bläst
das **Blatt,** die Blätter
blau
bleiben, er bleibt
der **Blitz,** die Blitze
blühen, es blüht
die **Blume,** die Blumen
die **Blüte,** die Blüten
der **Boden,** die Böden
die **Bohne,** die Bohnen
bohren, er bohrt
böse
der **Boxer,** die Boxer
brauchen, er braucht
braun
brav
brennen, er brennt
das **Brett,** die Bretter
der **Brief,** die Briefe
die **Brille,** die Brillen
bringen, er bringt
das **Brot,** die Brote
das **Brötchen,**
die Brötchen

die **Brücke,** die Brücken
der **Bruder,** die Brüder
der **Brunnen,** die Brunnen
der **Bub,** die Buben
das **Buch,** die Bücher
bunt
die **Burg,** die Burgen
der **Busch,** die Büsche
die **Butter**

C

der **Cent,** die Cent
der **Clown,** die Clowns
der **Computer,**
die Computer

D

da
das **Dach,** die Dächer
der **Dachs,** die Dachse
dampfen, es dampft
danken, er dankt
dann
das
der **Daumen,** die Daumen
dein, deine, deiner
dem
den
denken, er denkt
denn
der
des
der **Dezember**
dich
dick
die
der **Dienstag,**
die Dienstage
dir
doch
das **Domino,** die Dominos
der **Donner,** die Donner

der Donnerstag, die Donnerstage
die Dose, die Dosen
der Drache, die Drachen
der Drachen, die Drachen
draußen
drei
du
dumm
dunkel
durch
dürfen, er darf
die Dusche, die Duschen

E

das Ei, die Eier
der Eimer, die Eimer
ein, eine, einer
das Eis
elf
die Eltern
das Ende, die Enden
eng
der Engel, die Engel
der Enkel, die Enkel
die Ente, die Enten
er
die Erde
es
der Esel, die Esel
essen, er isst
euch
euer, eure
die Eule, die Eulen
der Euro, die Euros

F

die Fahne, die Fahnen
fahren, er fährt
die Falle, die Fallen
fallen, er fällt
die Familie, die Familien

fangen, er fängt
fauchen, er faucht
die Faust, die Fäuste
der Februar
die Feder, die Federn
der Fehler, die Fehler
fein
das Feld, die Felder
das Fenster, die Fenster
finden, er findet
der Finger, die Finger
der Fisch, die Fische
die Flasche, die Flaschen
fleißig
die Fliege, die Fliegen
fliegen, er fliegt
fließen, es fließt
das Floß, die Flöße
die Flöte, die Flöten
der Flügel, die Flügel
der Fluss, die Flüsse
flüssig
fragen, er fragt
die Frau, die Frauen
der Freitag, die Freitage
fremd
der Fremde, die Fremden
die Freude, die Freuden
freuen
der Freund, die Freunde
die Freundin, die Freundinnen
frieren, er friert
frisch
fröhlich
der Frosch, die Frösche
die Frucht, die Früchte
der Frühling
fühlen, er fühlt
füllen, er füllt
der Füller, die Füller
fünf
für

der Fuß, die Füße
das Futter, die Futter

G

die Gabel, die Gabeln
die Gans, die Gänse
ganz, ganze, ganzer
der Garten, die Gärten
der Gast, die Gäste
geben, er gibt
gefährlich
gehen, er geht
die Geige, die Geigen
der Geist, die Geister
gelb, gelbe
das Geld, die Gelder
das Gemüse, die Gemüse
gerade
gern
das Gesicht, die Gesichter
gestern
gesund, gesunde
gießen, er gießt
der Gipfel, die Gipfel
das Glas, die Gläser
das Gras, die Gräser
groß, größer
grün
grüßen, er grüßt
die Gurke, die Gurken
gut

H

das Haar, die Haare
haben, er hat
der Hahn, die Hähne
der Hai, die Haie
halb, halbe
der Hals, die Hälse
halten, er hält
der Hamster, die Hamster
die Hand, die Hände

91

hart, härter
der Hase, die Hasen
das Haus, die Häuser
die Haut, die Häute
die Hecke, die Hecken
das Heft, die Hefte
heiß
heißen, er heißt
helfen, er hilft
hell
das Hemd, die Hemden
her
der Herbst
das Herz, die Herzen
heute
die Hexe, die Hexen
hier
die Hilfe, die Hilfen
der Himmel, die Himmel
hin
hinter
hoch, höher
die Höhle, die Höhlen
holen, er holt
hören, er hört
die Hose, die Hosen
das Huhn, die Hühner
die Hummel, die Hummeln
der Hund, die Hunde
hundert
der Hunger
hüpfen, er hüpft
der Hut, die Hüte

I

ich
der Igel, die Igel
ihm
ihn, ihnen
ihr, ihre
im
immer
in

die Insel, die Inseln
das Internet
ist

J

ja
das Jahr, die Jahre
der Januar
jede, jeder, jedes
das Jo-Jo, die Jo-Jos
der Juli
jung
der Junge, die Jungen
der Juni

K

der Käfer, die Käfer
der Käfig, die Käfige
der Kaiser, die Kaiser
der Kaktus, die Kakteen
das Kalb, die Kälber
der Kalender, die Kalender
der Kamm, die Kämme
kämmen, er kämmt
die Kanne, die Kannen
der Käse, die Käse
die Kasse, die Kassen
die Kastanie,
die Kastanien
die Katze, die Katzen
kaufen, er kauft
der Keller, die Keller
kein, keine, keiner
die Kerze, die Kerzen
das Kind, die Kinder
das Kino, die Kinos
die Kirche, die Kirchen
die Kirsche, die Kirschen
die Kiste, die Kisten
die Klasse, die Klassen
das Kleid, die Kleider
klein

klopfen, er klopft
kochen, er kocht
der Koffer, die Koffer
kommen, er kommt
der König, die Könige
können, er kann
der Kopf, die Köpfe
der Korb, die Körbe
der Körper, die Körper
der Krach
krank
kratzen, er kratzt
das Kraut, die Kräuter
die Krone, die Kronen
der Kuchen, die Kuchen
die Kuh, die Kühe
der Kuss, die Küsse

L

lachen, er lacht
lahm
das Lama, die Lamas
das Lamm, die Lämmer
die Lampe, die Lampen
das Land, die Länder
lang, länger
laufen, er läuft
laut
leben, er lebt
legen, er legt
der Lehrer, die Lehrer
die Lehrerin, die Lehrerinnen
leicht
leise
die Leiter, die Leitern
lernen, er lernt
lesen, er liest
die Leute
das Lexikon, die Lexika
das Licht, die Lichter
lieb, lieber
lieben, er liebt
das Lied, die Lieder

liegen, er liegt
die Lippe, die Lippen
loben, er lobt
das Loch, die Löcher
der Löffel, die Löffel
der Löwe, die Löwen
die Luft, die Lüfte
die Lupe, die Lupen

M

machen, er macht
das Mädchen, die Mädchen
der Mai
der Mais
malen, er malt
man
der Mann, die Männer
der Mantel, die Mäntel
der März
die Maus, die Mäuse
das Meer, die Meere
mehr
mein, meine, meiner
der Mensch, die Menschen
das Messer, die Messer
mich
die Milch
die Minute, die Minuten
mir
mit
der Mittwoch, die Mittwoche
der Mixer, die Mixer
der Monat, die Monate
der Mond, die Monde
der Montag, die Montage
morgen
die Möwe, die Möwen
die Mücke, die Mücken
der Mund, die Münder
die Muschel, die Muscheln
müssen, er muss
die Mutter, die Mütter

N

nach
die Nacht, die Nächte
die Nadel, die Nadeln
der Nagel, die Nägel
der Name, die Namen
die Nase, die Nasen
der Nebel, die Nebel
nehmen, er nimmt
nein
neu
neun
nicht
nichts
nie
die Nixe, die Nixen
der November
die Nudel, die Nudeln
nun
nur
die Nuss, die Nüsse

O

ob
das Obst
oder
oft
das Ohr, die Ohren
der Oktober
die Oma, die Omas
der Onkel, die Onkel
der Opa, die Opas
Ostern

P

packen, er packt
das Paket, die Pakete
die Panne, die Pannen
das Papier, die Papiere
die Pappe, die Pappen
der Partner, die Partner

die Pfanne, die Pfannen
der Pfau, die Pfauen
pfeifen, er pfeift
der Pfeil, die Pfeile
das Pferd, die Pferde
die Pflanze, die Pflanzen
pflanzen, er pflanzt
das Pflaster, die Pflaster
pflegen, er pflegt
der Pinsel, die Pinsel
der Pirat, die Piraten
die Pizza, die Pizzas oder die Pizzen
der Platz, die Plätze
das Pony, die Ponys
der Pudel, die Pudel
die Puppe, die Puppen

Qu

das Quadrat, die Quadrate
quaken, er quakt
die Qualle, die Quallen
der Qualm
qualmen, es qualmt
der Quark
der Quatsch
die Quelle, die Quellen
quietschen, es quietscht

R

der Rabe, die Raben
das Rad, die Räder
raten, er rät
die Ratte, die Ratten
rauben, er raubt
der Raum, die Räume
die Raupe, die Raupen
rechnen, er rechnet
reden, er redet
der Regen
das Reh, die Rehe

reich
reisen, er reist
der Riese, die Riesen
der Ring, die Ringe
der Ritter, die Ritter
der Rock, die Röcke
rollen, er rollt
die Rose, die Rosen
rot, röter
der Rücken, die Rücken
rufen, er ruft

S

der Saft, die Säfte
die Säge, die Sägen
sagen, er sagt
das Salz, die Salze
der Samstag, die Samstage
der Sand
sandig
der Satz, die Sätze
das Schaf, die Schafe
der Schal, die Schals
der Schatten, die Schatten
der Schatz, die Schätze
schauen, er schaut
die Schaufel, die Schaufeln
der Schaum, die Schäume
scheinen, es scheint
schenken, er schenkt
die Schere, die Scheren
die Schiene, die Schienen
schimpfen, er schimpft
der Schirm, die Schirme
schlafen, er schläft
schlagen, er schlägt
die Schlange, die Schlangen
schlau
der Schlauch, die Schläuche
schließen, er schließt

der Schluss, die Schlüsse
der Schmetterling, die Schmetterlinge
die Schnecke, die Schnecken
der Schnee
schneiden, er schneidet
schnell
der Schnupfen
schön
schon
der Schrank, die Schränke
schreiben, er schreibt
schreien, er schreit
die Schule, die Schulen
schwarz, schwärzer
die Schwester, die Schwestern
schwimmen, er schwimmt
sechs
sehen, er sieht
sehr
die Seife, die Seifen
das Seil, die Seile
sein, seine, seiner
die Sekunde, die Sekunden
der September
sich
sie
sieben
sind
singen, er singt
sitzen, er sitzt
so
das Sofa, die Sofas
der Sohn, die Söhne
sollen, er soll
der Sommer
die Sonne
der Sonntag, die Sonntage
die Soße, die Soßen

die Spaghetti
sparen, er spart
der Spaß, die Späße
der Spatz, die Spatzen
spazieren, er spaziert
der Specht, die Spechte
speisen, er speist
der Spiegel, die Spiegel
das Spiel, die Spiele
spielen, er spielt
der Spinat
die Spinne, die Spinnen
die Spirale, die Spiralen
der Sport
sprechen, er spricht
springen, er springt
spucken, er spuckt
der Stall, die Ställe
der Stamm, die Stämme
stampfen, er stampft
stapfen, er stapft
starten, er startet
stehen, er steht
steigen, er steigt
der Stein, die Steine
stellen, er stellt
der Stern, die Sterne
der Stiefel, die Stiefel
der Stift, die Stifte
still
die Stirn, die Stirnen
der Stoff, die Stoffe
der Storch, die Störche
die Straße, die Straßen
der Strauch, die Sträucher
staunen, er staunt
der Strauß, die Sträuße
streichen, er streicht
stricken, er strickt
der Strumpf, die Strümpfe
der Stuhl, die Stühle
die Stunde, die Stunden
der Sturm, die Stürme
suchen, er sucht
süß

T

der **Tag**, die Tage
tanken, er tankt
die **Tante**, die Tanten
die **Tasche**, die Taschen
die **Tasse**, die Tassen
tauchen, er taucht
das **Taxi**, die Taxis
der **Teddy**, die Teddys
der **Tee**, die Tees
das **Telefon**, die Telefone
der **Teller**, die Teller
die **Temperatur**, die Temperaturen
das **Tier**, die Tiere
der **Tiger**, die Tiger
der **Tisch**, die Tische
die **Tochter**, die Töchter
die **Tomate**, die Tomaten
die **Tonne**, die Tonnen
der **Topf**, die Töpfe
die **Torte**, die Torten
tragen, er trägt
die **Träne**, die Tränen
der **Traum**, die Träume
traurig
trinken, er trinkt
der **Tropfen**, die Tropfen
tun
die **Tür**, die Türen
der **Turm**, die Türme
turnen, er turnt
die **Tüte**, die Tüten

U

üben, er übt
über
die **Uhr**, die Uhren
um
und
uns, unser, unsere
unten
unter

V

die **Vase**, die Vasen
der **Vater**, die Väter
der **Verkehr**
versuchen, er versucht
viel
vier
der **Vogel**, die Vögel
vom
von
vor

W

der **Wagen**, die Wagen
der **Wald**, die Wälder
wandern, er wandert
die **Wanne**, die Wannen
warm, wärmer
die **Wärme**
warten, er wartet
warum
was
waschen, er wäscht
das **Wasser**
der **Wecker**, die Wecker
der **Weg**, die Wege
das **Weihnachten**
weil
weinen, er weint
weiß
weit, weiter
wenig
wer
werden, er wird
das **Wetter**
wie
wieder
die **Wiege**, die Wiegen
die **Wiese**, die Wiesen
der **Wind**, die Winde
der **Winter**
die **Wippe**, die Wippen

wir
der **Witz**, die Witze
wo
die **Woche**, die Wochen
wohnen, er wohnt
der **Wolf**, die Wölfe
die **Wolke**, die Wolken
wollen, er will
das **Wort**, die Wörter
wünschen, er wünscht
der **Würfel**, die Würfel
der **Wurm**, die Würmer
die **Wurzel**, die Wurzeln

Z

die **Zahl**, die Zahlen
zahlen, er zahlt
zählen, er zählt
der **Zahn**, die Zähne
die **Zange**, die Zangen
der **Zaun**, die Zäune
das **Zebra**, die Zebras
die **Zehe**, die Zehen
zehn
zeigen, er zeigt
der **Zeiger**, die Zeiger
die **Zeit**, die Zeiten
das **Zelt**, die Zelte
die **Ziege**, die Ziegen
das **Zimmer**, die Zimmer
der **Zopf**, die Zöpfe
der **Zucker**
zum
die **Zunge**, die Zungen
zur
zusammen
zwei
der **Zwerg**, die Zwerge
die **Zwiebel**, die Zwiebeln
zwölf

Bildquellennachweis

Ablang, Friederike, Berlin, **6.3; 29.4; 48.10; 78.9; 80.3**; Ackroyd, Dorothea, Bielefeld, **24.1**; Barth-Musil, Ulrike, Potsdam-Babelsberg, **5.1; 27.1; 44.1; 47.23; 50.1; 53.3; 56.1; 58.1**; Burghart-Vollhardt, Martina, Kamenz, **5.5; 47.12; 47.13; 55.3; 55.4; 55.8; 55.11; 55.12; 59.3; 60.1; 60.2; 60.3; 60.4; 60.5; 60.6; 60.8; 60.9; 71.1; 71.12; 73.12; 78.18; 79.3; 83.8**; Citak, Angelika, Wipperfürth, **89.4**; Clormann, Udo, Wiesbaden, **30.1**; Droessler, Thorsten, Leipzig, **25.6; 32.4**; Ernst Klett Verlag GmbH, Stuttgart, **71.4; 90.3**; Fröhlich, Anke, Leipzig, **6.6; 6.7; 10.2; 10.3; 10.4; 13.2; 17.3; 21.2; 21.3; 25.1; 25.2; 25.3; 25.4; 25.5; 25.7; 25.8; 25.9; 25.11; 26.5; 26.6; 26.9; 27.4; 29.5; 30.2; 30.3; 30.5; 31.2; 31.4; 31.5; 35.3; 37.1; 39.1; 40.4; 40.5; 40.6; 40.8; 40.10; 40.11; 41.4; 44.2; 47.4; 47.5; 47.6; 47.7; 47.9; 47.10; 47.11; 47.14; 47.16; 47.18; 47.19; 47.21; 47.22; 47.24; 47.25; 47.26; 47.27; 47.28; 47.29; 48.3; 48.4; 48.6; 48.8; 48.9; 48.12; 48.13; 48.14; 48.7; 49.1; 49.2; 50.2; 50.8; 50.12; 50.13; 50.15; 50.16; 50.17; 50.18; 50.19; 52.3; 52.6; 52.7; 52.8; 52.10; 52.13; 52.15; 52.18; 53.5; 53.6; 53.7; 53.9; 53.10; 53.11; 53.12; 53.13; 54.3; 54.4; 54.5; 54.6; 54.11; 54.14; 54.15; 55.13; 55.14; 55.15; 55.18; 56.3; 56.9; 56.10; 56.11; 56.12; 56.13; 56.14; 56.15; 56.16; 56.17; 58.3; 58.6; 58.7; 58.9; 59.4; 59.5; 59.6; 59.7; 59.8; 60.14; 60.15; 60.16; 60.17; 62.2; 62.3; 62.7; 62.8; 62.14; 62.17; 63.4; 63.6; 63.8; 63.9; 63.10; 63.12; 64.3; 64.4; 64.6; 64.11; 65.3; 65.5; 65.8; 65.10; 65.12; 67.2; 67.3; 67.5; 67.13; 67.14; 67.17; 68.6; 69.4; 69.5; 70.2; 70.8; 70.13; 71.2; 71.3; 71.5; 71.7; 71.9; 71.11; 73.5; 73.6; 73.7; 73.8; 73.11; 73.13; 74.3; 74.4; 74.5; 74.6; 74.9; 74.11; 77.4; 77.5; 77.6; 78.4; 78.5; 78.10; 78.12; 78.17; 81.2; 82.3; 82.4; 82.5; 84.3; 86.5; 87.3; 89.2; 89.3; 89.6; 89.8; 89.9; 90.1; 90.4; 90.5; 91.1; 91.2; 91.4; 91.5; 92.1; 93.1; 93.4; 93.6; 94.1; 95.5**; Greune, Mascha, München, **30.4; 38.2; 62.6; 84.7**; Hammen, Josef, Trierweiler, **71.6; 82.2**; Hesselbarth, Susann, Leipzig, **55.9**; Hochmann, Carmen, Gütersloh, **4.1; 4.2; 4.3; 4.4; 4.5; 4.6; 4.7; 4.8; 4.9; 4.10; 4.11; 4.12; 5.2; 6.2; 6.3; 6.4; 6.5; 8.1; 8.2; 8.3; 8.4; 8.5; 9.1; 9.2; 9.4; 9.5; 10.5; 11.1; 11.2; 11.3; 11.4; 11.5; 12.1; 12.2; 12.3; 12.4; 12.5; 12.6; 12.7; 12.8; 12.9; 12.10; 12.11; 12.12; 12.13; 12.14; 14.1; 17.1; 17.2; 17.4; 17.5; 17.6; 18.1; 20.2; 21.1; 21.5; 21.6; 21.7; 21.8; 21.9; 21.10; 25.12; 25.13; 25.14; 25.15; 25.16; 26.8; 27.8; 30.6; 32.1; 34.1; 35.1; 37.2; 37.3; 37.4; 38.1; 40.1; 40.7; 42.1; 42.2; 42.3; 45.13; 46.1; 47.1; 47.2; 47.3; 48.1; 48.2; 48.11; 48.15; 51.1; 52.1; 52.11; 52.16; 55.5; 55.6; 57.1; 59.9; 60.11; 60.12; 61.1; 61.2; 61.3; 63.1; 64.1; 65.13; 66.3; 66.4; 67.1; 68.1; 69.2; 69.3; 73.1; 78.2; 78.13; 78.14; 79.2; 81.1; 83.7; 85.3; 86.3; 87.2; 89.1; U1.2; U3.1**; Hoppe-Engbring, Yvonne, Steinfurt, **83.5**; Kranenberg, Hendrik, Drolshagen, **5.3; 47.15; 47.17; 55.7; 58.5; 67.6; 71.8; 78.7; 83.6; 89.5**; Miedzinski, Pawel, Kozieglowy/Polen, **52.14**; Nicolai, Axel, Sönnebüll, **47.20**; Oser, Liliane, Hamburg, **53.8; 53.14; 54.2; 54.9; 67.8; 74.13**; Reich, Bettina, Zwenkau/Leipzig, **63.7**; Reimers, Silke, Mainz, **21.4; 60.19; 95.4**; Slawski, Wolfgang, Kiel, **56.2; 62.12**; Woernle, Hela, Hannover, **78.16; 83.4**

1. Auflage

6 5 4 3 2
1 | 28 27 26 25 24

Alle Drucke dieser Auflage sind unverändert und können im Unterricht nebeneinander verwendet werden. Die letzte Zahl bezeichnet das Jahr des Druckes.

Das Werk und seine Teile sind urheberrechtlich geschützt. Jede Nutzung in anderen als den gesetzlich zugelassenen Fällen bedarf der vorherigen schriftlichen Einwilligung des Verlages. Hinweis § 60a UrhG: Weder das Werk noch seine Teile dürfen ohne eine solche Einwilligung eingescannt und/oder in ein Netzwerk eingestellt werden. Dies gilt auch für Intranets von Schulen und sonstigen Bildungseinrichtungen. Fotomechanische, digitale oder andere Wiedergabeverfahren nur mit Genehmigung des Verlages.

Nutzungsvorbehalt: Die Nutzung für Text und Data Mining (§ 44b UrhG) ist vorbehalten. Dies betrifft nicht Text und Data Mining für Zwecke der wissenschaftlichen Forschung (§ 60d UrhG).

© Ernst Klett Verlag GmbH, Stuttgart 2022. Alle Rechte vorbehalten. www.klett.de
Das vorliegende Material dient ausschließlich gemäß § 60b UrhG dem Einsatz im Unterricht an Schulen.

Autorinnen und Autoren: Ruth Dolenc-Petz; Prof. Dr. Edeltraud Röbe; Dr. Heinrich Röbe; Marina Goldenstein

Entstanden in Zusammenarbeit mit dem Projektteam des Verlages.

Gestaltung: know idea gmbh, Freiburg i. Br.
Titelbild: Carmen Hochmann, Gütersloh
Satz: Alexander Della Giustina, Leipzig
Druck: Druckhaus Götz GmbH, Ludwigsburg

Printed in Germany
ISBN 978-3-12-007363-5